DÁNTA GRÁDHA

DÁNTA GRÁDHA

CNÓSACH DE SNA DÁNTA GRÁ
IS FEARR SAN GHAELGE
(A.D. 1350-1750)

TOMÁS Ó RATHILE

DO BHAILIG IS DO CHÓRAIG

CUID I., AN TEUX

FARA REUMHAISTE Ó
ROBIN FLOWER

CLÓ OLLSCOILE CHORCAÍ

DÁNTA GRÁDHA

AN ANTHOLOGY OF IRISH LOVE POETRY (A.D. 1350-1750)

COLLECTED AND EDITED
BY
THOMAS F. O'RAHILLY

PART I, TEXT

WITH AN INTRODUCTION BY
ROBIN FLOWER

CORK UNIVERSITY PRESS

An chéad chóiriú 1925
An dara cóiriú, é ceartaithe agus méadaithe 1926
Athchló 1968, 1976, 1984
Athchló ceartaithe 1994

ISBN: 0 902561 09 X

DO

BHANTRACHT NA HÉIREANN

ÓS ORTHA ATÁ NA MNÁ IS FEARR
SAN DOMHAN

REUMHRÁ

Seacht gcinn déag ar fhichid de dhántaibh a bhí san leabhar so an chéad uair a tháinig sé amach, tá breis is naoi mbliana ó shin ann. Tá a dhá uiread eile, nách-mór, curtha agum leis an méid sin san chórú nua so. Tá cuid de sna dánta nua agum le mórán blianta, agus tuille acu do casadh im thre6 ó tháinig an leabhar amach an chéad uair. Isé rud do chuireas rôm an turas so, gan aon dán grá d'fhágaint amuich go mbeadh aon mhath ann, ach ná beadh a theux ró-thruaillithe. I lár na hoibre dham, do chuaig dán nú dhó a-mú orm agus níor thána treasna ortha arís go dtí go raibh corp an leabhair curtha i gcló. Is suarach le rá mar easnamh, ámh, gan an cúpla dán san a bheith sa leabhar. Pé cuardach a déanfar feasta, is eagal lium ná faghfar go deó puinn eile dánta grá do b'fhiú a chur leis an méid atá i gcló anso.

Cé go bhfágan na lss. furmhór na ndánta grá so gan ainm údair, buinean sé le deallramh gurab iad na filí eyreachta, uaisle an léinn, do chum an chuid is mó acu, bíodh gur léir go raibh na huaisle eile tathíoch ortha chô math. B'í oifig na bhfilí eyreachta, filí na sgol, bheith ag mola na dtiarnaí agus gaolta na dtiarnaí, agus bheith á gcaoine nuair a gheóidís bás; agus ní i n-aisge a dhineadh na filí an méid sin, mar, i n-éamais a gcuid tailimh a bheith saor ó chíos acu, do dhíoladh a bpátrúin go math iad as na dánta a chumaidís i n-onóir dóibh. Níor mhar sin do sna dánta grá so. Is mar shásamh aigne dhóibh féin, nó chun baochais a mná cumainn do thuilleamh, do cheapadh na filí iad. Ní cheannaíodh aenne na dánta grá. Ní raibh aon bhuint ag na tiarnaí leó, ná ní sgrítí síos i nduanairí na dtiarnaí iad. Toisg gan aenne bheith 'na gcúram ní dintí cóibeana dhíobh ach go hannamh, i slí, nuair a dineadh an léirsgrios ar lss. na Gaelge, gur cailleadh go brách, do réir gach deallraimh, formhór mór na filíochta grá a bhí i nÉirinn uair. Tá aon chúig lss. amháin, agus mara mbeadh gur saoradh go hábharach ón léirsgrios iad, is ar éigin do b'fhéidir leath an leabhair seo do chur le chéile. Sid iad na lss. sin: 23 D 4 agus 23 I 40 san R.I.A., H. 5. 9 i gCol. na Tríonóide, an Duanaire atá i seilbh Í Chnochúir Dhuinn, agus Add. 40766 san Bhritish Museum. Ar a shon go bhfuil fo-cheann de sna dánta grá so coiteann go leór isna lss., ní bhfuaras dá lán acu ach an t-aon chóib amháin. Ná tógadh an léthóir orm é, mar sin, má tá, i n-ainneóin mo dhíchil, focail nú líní thall 's a-bhus sa teux ná fuilim ró-shásta leó.

Peoca tá an ceart ag na filí adeir gur "galar" é an grá nó ná fuil, rud isea é a bhí ann ó thosach aimsire agus a bheig ann go brách. Is beag ní fé luí na gréine ná go bhfuil i ndán do bheith á atharú ndiaig ar ndiaig ó aois go haois. Bíon claochlú ag síor-theacht, cuir i gcás, ar nóiseana na ndaoine, ar an éadach agus ar an mbia a chathan siad, ar staid pholaiticeach gach tíre. Ach i dtaobh an ghrá, isé an rud céanna i gcônaí é, agus ní baol do dul ar ceal an fhaid a bheig daoine óga ar an saol. Sin é cúis go dtaibhsíon na dánta grá so níos giorra go mór dár n-aimsir féin ná na dánta oifigiúla úd. "Daoine sona an méd nách mair!" adúirt an file a bhí i bpéin ón ngrá. Is fada atá a ghuí fachta aige; ach más marbh é féin agus a chô-fhilí, mairean fós na dréachta do chumadar, agus tuigimíd a gcás chó math, náchmór, agus dá mba sinn féin a bheadh 'ár gciapa ag na hainnirí do bhradaig a gcruí uatha-san fad ó.

Aenne gur mhath leis ólas fháil ar thréithe na ndánta so, agus ar a bhfuil de chosúlacht agus de nea-chosúlacht idir iad agus filíocht ghrá na náisiún eile, gheo sé an t-ólas san

san *Introduction* chanta do sgríbh Robin Flower. Is leór uaim féin, mar sin, focal nó dhó ar aon tréith amháin eile a bhuinean leó, 'sé sin, ar iad do thógaint le chéile, iad do bheith chô glan ó aon ní i bhfuirm mí-bhanúlachta. Ar ar bhuail riamh lium de dhántaibh isna lss., ní raibh thar chûpla ceann nú trí ná raibh iriúnach le cur i gcló ar an slí sin. Dá mb'ar amhráin an ochtú aois déag a bheinn ag trácht, do b'fhada go bhféadfainn aon ní dá shórt a rá 'na dtaobh. Is mó deifríocht idir fhilí na sgol agus filí na n-amhrán; níl sa méid adúrt ach aon deifríocht amháin acu.

Tá an uiread san slí tóca suas ag teux na ndánta ná beadh sé de ghustal agum an leabhar a chur i gcló dá gcuirinn nótaí agus foclóir leis. Má bhíon éileamh ar an leabhar, beid sin le fáil i leabhar fé leith gan ró-mhuill.

Níl agum anois ach mo bhaochas a chur i n-iúil do sna daoine do chabhraig lium chun an leabhar so do chur le chéile. Táim baoch den Ollamh W. J. Watson i dtaobh cóibeana a dhéanamh dam de dhá dhán atá i lss. Dhúnéidean. Táim ag gabháil bhaochais ó chruí leis an Ollamh Osborn Ó Haimhirgin i dtaobh gach dea-chôirle a thug sé dham go fonnamhar nuair a bhíos ad iarraig crua-phuinc do réiteach. Agus táim fé chomaoin ana-mhóir ag Robin Flower, ó Lundain. Ní hamháin gur dhin Mr. Flower an Reumhthráchtas breá a sgríbh sé don chéad chur-amach do sgrí as an nua, ach 'na theannta san do bhronn sé orm cóibeana dá bhfuil de dhánta grá i nAdd. 40766, ls. a tháinig i seilbh an Bhritish Museum cúpla bliain nú trí ó shin. Mara mbeadh an cúnamh san a fuaras uaig, déarfainn ná beadh ann ach dícéille dham dul i bhfiuntar an leabhair seo do thúirt amach, agus a fhios agum go math ná fuil duine as an míle d'Eireannaig na haimsire seo go bhfuil suim ná tuisgint aige 'nár litríocht náisiúnta.

TOMÁS Ó RATHILE.

NOTAÍ

Sidé brí na gcôrthaí atá 'á n-úsáid sa teux:—

Côrthaíon ⊰ ⊱ focal nó focail ná fuil sa ls.

Taisbeánan * go bhfuil locht éigin ar mheadaracht an líne (siulla i n-easnamh, nó siulla sa mbreis, do ghnáth).

Ciallaíon † (i ndiaig focail nó ruime líne) an teux a bheith truaillithe nó gan é bheith deimhnithe.

Ciallaíon ‡ gur feabhsaíodh teux na ls., ach gan an feabhsú a bheith deimhnithe.

INTRODUCTION

These poems stand less in need of an introduction than they did at the time of their first publication in 1916. For they have now taken their place in the canon of Irish literature, and their qualities are generally recognised. We can now see how great a debt of gratitude we owe to Mr. O'Rahilly for his work in disinterring from the manuscripts and so carefully editing all these pleasant verses. In this new edition he has added to our obligation by printing a considerable number of new poems, which serve to illustrate further this particular genre of poetry, though they necessitate no revision of our general conception of the type. My own views on the subject have not undergone any noticeable modification in the course of further reading and research, and I may be permitted to reprint my first essay with some amplifications which will perhaps serve to give a clearer view of the characteristics of these poems.

Their characteristics are fairly clear. The subject is love, and not the direct passion of the folk-singers or the high vision of the great poets, but the learned and fantastic love of European tradition, the *amour courtois*, which was first shaped into art for modern Europe in Provence, and found a home in all the languages of Christendom wherever a refined society and the practice of poetry met together. In Irish, too, it is clearly the poetry of society. To prove this, we need only point to the names of some of the authors of the poems: in Ireland, Gerald the Earl, Magnus O'Donnell (the chief of his clan), the Earl of Clancarthy, and Pierce Ferriter;

in Scotland, the Earl and Countess of Argyle and Duncan Campbell of Glenorquhy, "the good knight," who died at Flodden. One is reminded of the company of noble poets, whose love-poems are collected in *Tottell's Miscellany* (1557)—The Earl of Surrey, Sir Thomas Wyatt the Elder, and Lord Vaux. The other contributors to this anthology belong to a class which had no representative in England, the bardic order. They correspond in a way to the University men, but their fixed place in society was higher than any that his attainments alone have ever been able to secure for the University man in England. They were, indeed, until the fall of the old Irish order an intellectual aristocracy, with all the privileges and, no doubt, many of the prejudices of a caste. They held their position by virtue of their birth and the practice of their art. It is, thus, without any surprise that we find them sharing this peculiar art of love poetry with that other aristocracy of alien conquest or tribal right. And we shall probably not go very far wrong if we hold that just this poetry is the offspring of the marriage of these two orders. In this happy union the aristocrats of position contributed the subject, the aristocrats of art the style. By their intermediation the matter of European love-poetry met the manner of Irish tradition. And in these poems we see how perfect was the fusion, how happy the result.

The poems we possess are mostly of a comparatively late date, of the sixteenth and seventeenth centuries. Among the earliest recorded are those preserved in the Scotch Book of the Dean of Lismore of the early sixteenth century. But the tradition, and, no doubt, the practice of the art goes back to a much earlier date. The first recorded practitioner of the kind is Gerald the Rhymer, Fourth Earl of Desmond, of that great family of the Fitzgeralds—the "Greeks" and "Florentines" of Ireland—which played such a part in the history of Irish literature. He was Lord Chief Justice of

Ireland in 1367, and in 1398 he disappeared, says the tale, and sleeps below the waters of Loch Gur, whence he emerges every seven years to ride the ripples of the lake. His wife—she was in history a Butler, Eleanor, daughter of James, second Earl of Ormond—was famed in poetic tradition for her gallantries:

> *A mharcaigh fá ndearnadh fanóid,*
> *   an gcuala tú sgéal Ghearóid Iarla,*
> *mar d'imigh uaidh a Chuntaois*
> *   re lúircín ar feadh bliadhna?*

It is this romantic figure that stands at the head of our company of poets. Several poems are attributed, rightly or wrongly, to him in the Dean's Book. And the shanachies speak of him in their great style:

> "A nobleman of wonderful bounty, mirth and cheerfulness in conversation, charitable in his deeds, easy of access, a witty and ingenious composer of Irish poetry and a learned and profound chronicler; and, in fine, one of the English nobility that had Irish learning and professors thereof in greatest reverence of all the English of Ireland."

There can be no reasonable doubt that in men such as this our poetry came into being. Acquainted with both worlds, the French world of the matter and the Irish world of the manner, they were admirably placed for introducing this new thing into Irish verse. There are in Harley MS. 913 (fol. 15b) certain Anglo-Norman verses, which have for a heading *Proverbia Comitis Desmonie*, and these have been attributed to our Gerald. But the MS. was written before his day. They may serve, however, to prove the practice of French verse in his family. In Irish verse the name of Fitzgerald is famous. In the sixteenth century the eighth Earl of Kildare had a fine library of Latin, French, English and

Irish books. In the sixteenth century, too, there was a Fitzgerald, David the Black, who was regarded as a sort of Admirable Crichton. This is what Stanihurst has to say of him:

> "Dauid Fitzgirald, vsuallie called Dauid Duffe, borne in Kerie, a ciuilian, a maker in Irish, not ignorant of musike, skilfull in physike, a good & generall craftsman much like to Hippias, surpassing all men in the multitude of crafts, who comming on a time to Pisa to the great triumph called Olympicum, ware nothing but such as was of his owne making; his shoes, his pattens, his cloke, his cote, the ring that he did weare, with a signet therein verie perfectlie wrought, were all made by him. He plaied excellentlie on all kind of instruments, and soong therto his owne verses, which no man could amend. In all parts of logike, rhetorike, and philosophie he vanquished all men, and was vanquished of none."

We have none of the poetry of this later Hippias. But some of the poems of his son, Muiris mac Dháibhí Dhuibh, are extant,[*] and he plays a part in the *Pairlement Chloinne Thomáis*, that strange memorial of the contempt of the bards for the lesser sort. In the eighteenth century Pierce Fitzgerald of Ballymacoda keeps up the family name for poetry. And let us not forget here one who, if not a poet, was a cause that poetry was in others, Mistress Garrett, Surrey's

> "Fair Geraldine," a "Florentine" of this race:
> "From Tuskane came my Ladies worthie race:
>   Faire Florence was sometyme her auncient seate:
>   The Western yle, whose pleasaunt shore dothe face
>   Wilde Cambers cliffs, did geue her liuely heate:
>   Fostered she was with milke of Irishe brest:
>   Her sire an Erle: her dame of prince's blood."

[*]For two of them see *infra, nos.* 105, 106,

Nor were the Fitzgeralds the only Anglo-Irish family which patronised and practised Irish verse. Two fifteenth century manuscripts, Laud Misc. 610 and Add. 30512, both belonged alternately to the Fitzgeralds and the Butlers. And both contain good store of Irish literature of almost every type and period. Add. 30512 has some charming verses by a Richard Butler of the sixteenth century. The Roches of Fermoy are honoured in the best bardic style in the Book of Fermoy. One of the poems here printed is by a Richard Burke. And so we might go on through all the families of the Gaedheal-Ghoill, establishing for them all a connection with Irish poetry. Nor should we neglect the influence of the religious orders, particularly the Franciscans, who can be proved to have played a great part in the carrying of continental themes into Irish literature. Did not Brother Michael of Kildare practice English poetry in the country of the Fitzgeralds?*

Certain areas of southern Ireland were indeed, as Professor Curtis has shown us, trilingual in the 14th century. Thus Richard Ledrede, Bishop of Ossory 1318-1360, found that the clerics of his cathedral city were most unclerically fond of singing certain "base, worldly and theatrical songs" on high days and holidays. These songs were in French and English, and we have examples of them. One English song we immediately recognise as of the type familiar to us in 18th century poetry as *An Seanduine*

> Alas! hou shold Y syng,
> Yloren is my playing,
> Hou shold Y with that olde man
> To leven and [lose] my leman
> Swettist of al thinge.

*The poems of Brother Michael are found in the same MS. as the *Proverbia Comitis Desmonie*.

The French songs are songs of love of a more popular character than those with which we have to deal here, but related to them in origin.

> *Heu alas pour amour*
> *Qy moy myst en taunt dolour.*

So sang the amorous clerics.

> *Mór mo ghalar do ghrádh mná,*
> *A grádh dom ghoin gach aonlá.*

So the learned poet takes up the theme and subtilises on it in his own manner.

Ledrede made the probably vain attempt to substitute sacred songs for these secular lyrics, writing Latin hymns to the same tunes, among which we may recognise interesting and very early examples of Christmas carols. But the damage was already done, and the wanton themes were probably already passing over into Irish to go underground in the popular tradition and to survive and propagate openly in the written verses of the nobles and the poets. For one may suppose that it was through these channels that so many foreign themes came into Ireland. They found there a formed and regulated literature practised by an organised literary class and propagated by academies (if we may so term the bardic schools) conducted on a standardised method. There has never been a country in which the sense of tradition was more intense than in medieval Ireland. Irish literature had been created under the auspices of the Irish church in the period between the sixth and the eleventh centuries. The Norman invaders found this literature established as a part, not only of Irish culture, but also of the tribal organisation. It was of the very atmosphere of the people's life, a part of their consciousness as Irishmen, an expression of the forms of their being. The technical devices, imitated originally from Latin sources, had become a necessary part of the equipment of an Irish poet. He thought of literature in these terms, in part by an inevitable predilection, in part as a result of the long and strict training of the bardic schools. The rules of his art were formulated in a series of treatises, the tradition of which begins, at any rate, in the eighth century, and extends to the elaborate summary of the sixteenth century which Professor Bergin is at present printing as a Supplement to *Ériu*.

The love-themes, which were now to make their entry into Irish literature, usually carried with them on their pilgrimages certain Iyric methods which became acclimatised in all the literatures of Europe. It was not so in Ireland. There the established forms were too strong. It is to be noted that these forms were used for many purposes outside of the more deliberate compositions which are most frequent in our transcripts. Thus already in the ninth century the playful poem of the student and Pangur Bán, his cat, solves easily the problem of putting the *deibhidhe* metre to familiar uses. A fairly faithful English version may, perhaps, serve to show the ease and freedom of this poem:

> I and Pangur Bán, my cat,
> 'Tis a like task we are at;
> Hunting mice is his delight,
> Hunting words I sit all night.
>
> Better far than praise of men
> 'Tis to sit with book and pen;
> Pangur bears me no ill-will,
> He, too, plies his simple skill.
>
> 'Tis a merry thing to see
> At our tasks how glad are we,
> When at home we sit and find
> Entertainment to our mind.

Oftentimes a mouse will stray
In the hero Pangur's way;
Oftentimes my keen thought set
Takes a meaning in its net.

'Gainst the wall he sets his eye
Full and fierce and sharp and sly;
'Gainst the wall of knowledge I
All my little wisdom try.

When a mouse darts from its den,
O! how glad is Pangur then!
O! what gladness do I prove
When I solve the doubts I love.

So in peace our task we ply,
Pangur Bán, my cat, and I;
In our arts we find our bliss,
I have mine and he has his.

Practice every day has made
Pangur perfect in his trade;
I get wisdom day and night,
Turning darkness into light.

This kind of poetry gets little representation in our manuscripts. But hints here and there—marginal quatrains, stray quotations in commentaries, references in the Annals—show that it persisted in the schools. The presence of the type at a later period is attested by the pleasant poems of 16th-17th century date printed by Professor Bergin in the *Irish Review*, 1912-1913.

These forms, then, were ready to the hand of the adaptors of the new foreign themes. They were the established forms of light and personal verse, and they adapted themselves with ease to the witty turns and delicate dialectic which poetry of this character requires. There has always been in the Irish nature a sharp and astringent irony, a tendency to react against sentiment and mysticism, an occasional bias to regard life under a clear and humorous light. This could easily be illustrated from the older epic tales. Much, indeed, of the exaggeration in those tales—so fiercely ridiculed by certain critics—is the exuberance of a man who sees the fun of the thing, and would not for the world have his monstrosities taken at their face value. And from Mac Conglinne to Merryman the light of this inexhaustible irony plays upon Irish life and letters. We miss the point of much in the literature if we forget this. Modern mysticism has tended to hide the clear outlines of ancient Irish literature in a veil of mythological fancy and to tempt us to forget the lively humanity lying at the basis of this curious fabric. What with the mythologists, the philosophers, the genealogists and the topographers, there is a real danger that we may forget the fact that poetry is produced by poets, and that poets are men living in a world of which these honourable sciences can at best give us but an imperfect and partial picture. It is the office of poems like this to call us back to the men who produced them, and to let us see the play and colour of their minds.

This note of light irony is perhaps the master-note of these poems and a chief cause of the fascination they have for us. Here and there, no doubt, one feels a strain of real passion in them—the *odi et amo* of Catullus—*Tugas féin mo ghrádh ar fhuath*. And in these matters the partition that divides the real from the make-believe is notoriously thin. A man may express real feeling through a tradition just as a careless technique need not connote overmastering passion. But, taken in the main, these poets, no doubt, slept none the worse for their love, and died in song to live the more intensely in the foray and the feast. "Men have died and worms have eaten them, but not for love," says Rosalind, who was a great authority.

Do chongaibh mé m'fheóil is m'fhuil
  do ghrádh ainnre an chuirp mar ghéis;
ithim mórán, do-ním suan,
  in gach ceól is buan mo spéis.

Despite his love Cúchonnacht Ó Cléirigh lived to rhyme another day. And we may echo the cynic verse that says

Créad fá gcreidfinn duine féin
  dá rádha riom go dtéid d'éag,
's nách tig claochlódh ar a chruth?
  Fear, a Chríost, ar lucht na mbréag!

There is a delicate sense of beauty, too, in these poems. One notes particularly the delight in the beauty of hair which finds constant expression in the poetry of Ireland in all periods. *Is barr sobarche folt and*—the primrose bloom on the hair is the first in the catalogue of bodily beauties that adorn the people of the Isle of the Blest. And one remembers the hair of Étaín: *Dá triliss órbuidi for a cind ocus fighe chethurdhúaluch for cechtar n-aí ocus mell óir for rinn cech dúail,* "Two plaits of golden hue upon her head, each plait woven out of four tresses, and a ball of gold upon the end of every tress." The same hair ripples and shines through these poems, and one of them (no. 13) is an exquisite rhapsody, playing deliciously with words and with the hair that they describe. To those who find the bardic style difficult a translation in an English lyric measure may give some idea of the manner of this poetry:

Veiled in that light amazing,
Lady, your hair soft-wavéd
Has cast into dispraising
Absalom son of David.

> Your golden locks close clinging
> Like bird-flocks of strange seeming,
> Silent with no sweet singing,
> Draw all men into dreaming.
>
> That bright hair idly flowing
> Over the keen eyes' brightness,
> Like gold rings set with glowing
> Jewels of crystal lightness.
>
> Strange loveliness that lingers
> From lands that hear the Siren:
> No ring enclasps your fingers,
> Gold rings your neck environ.
>
> Gold chains of hair that cluster
> Round the neck straight and slender,
> Which to that shining muster
> Yields in a sweet surrender.

This might well be the praise of Étaín out of fairy-land.

We have little evidence as to the time of composition of most of these poems. There seems no reason to question the tradition that the few attributed to Earl Gerald are really his, and our conviction here is strengthened by what Mr. O'Rahilly tells me of a recent discovery of a long series of poems by this author in the Book of Fermoy, a fifteenth century MS. And when we read the single example of his work given here (no. 4), we see at once that it has nothing to distinguish it in language, sentiment or expression, from other poems of the kind certainly composed in the seventeenth century at the time of the breaking up of the schools. So that we have the remarkable fact (but in Irish literature it is not remarkable), that poems written at either end of a period of between three and four hundred years strike upon our ear with the effect of contemporary compositions. This is of course due to the condition of the bardic schools which were a sort of conservative trades union, hedging poetry about with rules and restrictions and jealous of unlicenced innovations.

How and where were these poems written? There is no internal evidence, and the external evidence is scanty and difficult of interpretation. But we can make a reasonable guess which will not be altogether wide of the mark. So far as they are the product of the bards they were probably written under the bardic conditions, somewhat relaxed no doubt for verse which was a little apart from the professional stock in trade of the poets and need not conform to the more rigid rules of the art. While the schools lasted it was the custom—a custom of immemorial antiquity—to compose in the dark. The "poets tossing on their beds" (to use Mr. Yeats's phrase in another connection) ordered the lines of their verses and disposed their assonances and alliterations in "a chamber deaf to noise and blind to light." This was their day's portion, and in the evening candles were brought into the main chamber of the school and the poems were written down to be submitted to the searching technical criticism of the master. From the metrical tracts which have come down to us we can see how intense a scrutiny they had to undergo. And to this training these verses owe their clean idiom and the concinnity of their technique.

But were they fashioned thus? We cannot tell. There are many alternatives, and of those many I like to fancy that one hits the mark. Professor Bergin has translated a poem from the Book of O'Conor Don, in which a poet of the stricter school attacks an errant bard for making his poems on horseback riding over the hills. There is no reason why poems should not be composed on horseback (Swinburne did it), but to the bardic mind it seemed a wanton break with sacred tradition. Yet these poems of light love made by nobles as well as bards may well have been dictated by a Muse that

> Tempered her words to trampling horses' feet
> More oft than to a chamber-melody.

If Sir Philip Sidney made his sonnets on the highway, so may our poets, his analogues in Ireland, have "reined their rhymes into buoyant order" on the mountain roads. At any rate, if we indulge this fancy, there is none that can disprove it.

Well, however composed, here they are for our delight. And we may spend a little more time in considering their nature. We have seen already that their chief marks are beauty and irony—beauty to lend them wings, and irony to keep those wings from soaring too high. A love poetry that studies beauty alone readily degenerates into sentiment. But these were born before the days of sentiment and keep the detachment and the realism of that older and wiser world. They have little psychology—one of the modern forms of inverted sentiment—and, for the most part, conceive woman with an enviable simplicity as beautiful and false. This is a part of the old Provencal tradition, in which no woman was ripe for love until she was married and few were allowed to commit the indiscretion of loving a husband. And so it is rare to find a husband speaking of a wife in these poems. There is one piece not given by Mr. O'Rahilly, which I know from only one manuscript (Eg. 155 in the British Museum), in which a husband grieves because his wife has left him. There is no doubt that the word *tréigbheáil* used in the heading implies a voluntary desertion on the part of the wife. For whom had she left him? It would be natural to assume a mortal lover, and, read so, the husband's praise would bear witness to a touching loyalty in another's disloyalty. It seems to me possible, however, to suppose the lover with whom she had gone from him to be Death. In that case the word would convey a gentle reproach to be paralleled by that lovely poem of Coventry Patmore's:

> It was not like your great and gracious ways.
> Do you that have nought other to lament,
> Never, my Love, repent
> Of how, that July afternoon,
> You went,
> With sudden, unintelligible phrase,
> And frightened eye,
> Upon your journey of so many days,
> Without a single kiss, or a goodbye?

If this interpretation seem fanciful, the poem is printed here, and the reader is free to choose between the alternatives.

> Moladh mná ré n-a fear tar éis a thréigbheála.

> *Dá ghealghlaic laga leabhra,*
> *troighthe seada sítheamhla,*
> *dá ghlún nach gile sneachta,—*
> *rún mo chridhe an chuideachta.*

> *Trillse drithleacha ar lonnradh,*
> *taobh seang mar sról . . .*
> *braoithe mar ruainne rónda,*
> *gruaidhe naoidhe neamhónda.*

> *Ní thig díom a chur i gcéill*
> *díol molta dá dreach shoiléir,*
> *stuagh leanbhdha mhaordha mhálla*
> *mheardha aobhdha éadána.*

> *D'éis gach radhairc dá bhfuair sinn*
> *do mhearaigh go mór m'intinn*
> *ná raibhe suan i ndán damh;*
> *is truagh mo dhál im dhúsgadh.*

Dob usa gan éirghe dhamh
d'fhéachaint an tighe im thiomchal;
ní bhfuair sinn a sompla ó shoin,
inn fá dhorcha 'na deaghaidh.*

Some of the beauty and tenderness of this poem may survive into an English version.

He praises his wife when she has left him.

> White hands of languorous grace,
> Fair feet of stately pace
> And snowy-shining knees—
> My love was made of these.
>
> Stars glimmered in her hair,
> Slim was she, satin-fair;
> The straight line of her brows
> Shadowed her cheek's fresh rose.
>
> What words can match her ways,
> That beauty past all praise,
> That courteous, stately air,
> Winsome and shy and fair.
>
> To have known all this and be
> Tortured with memory—
> Curse on this waking breath—
> Makes me in love with death.
>
> Better to sleep than see
> This house now dark to me
> A lonely shell in place
> Of that unrivalled grace.

---

* The M.S. copy is not a good one, and is imperfect in l. 6; and some necessary emendations have been made in printing the text here. In the last line *dhorcha* should perhaps be d*hocra* (: *sompla*).

The ladies celebrated in these poems are beautiful after one pattern, the bright-haired type always admired where a population is mixed of dark and fair. Under golden tresses, rippled or in innumerable curls, shines the broad white forehead, luxuriant brows shade blue eyes moving in their orbit with a stately slowness, the cheeks smoulder like a fire, the lips are crimson over the level range of snowy teeth, the neck is straight and slender, the bosom is white as fresh-fallen snow or the foam of the sea, the wave of breast and side and knee flows beautifully down to the straight calves and trim white feet, that bear up all this lovely weight—the details of this picture appear again and again in these poems, and only one writer, Richard Burke, confesses his love for any and every type of beauty, so that it be willing and his own.

To such beauty our poets are infinitely, though perhaps not too seriously, susceptible. And their love, too, is of the old tradition. It is a sweet sickness—that bitter-sweet which the poets of the Greek Anthology already knew; it must be hidden from jealous watchers and spoken only in the eyes, it haunts them in their waking hours, and, "like a jewel hung in ghastly night," it will not leave them when they sleep; death is their only refuge from it, and when they die it will stand between them and God's love. And now and again a mocking voice strikes in and blows all this light and glittering web of make-believe into the air. "Death is all your desire," it says; "die then, but leave all the women behind for me, the sole survivor of the slaughter. You are sick with love; I, too, love, but I keep my health. The world of your disordered fancies is still the old familiar world to me.

> Though I love her more than all
> The sun-riped maids of Donegal,
> Yet, by all the gods above!
> I'm no sufferer for her love."

So the argument proceeds, and they spend all their long meditated art in the elaboration of casuistical subleties: they are dead, but their ghosts keep up a semblance of life about the place where love murdered them, they envy the blind secure from the basilisk glance of fatal beauty, their hearts are at issue with the eyes that let in the lovely shafts that pierced them through, they are miserable, but their misery is their sole delight,—and in the midst of all this suffering they are never so lost that they cannot formulate a paradox or give a fresh turn to some one of the ancient conceits.

For like all poetry of the kind, these verses are profoundly literary, full of reminiscence and suggestion of other times and literatures. Thus we can hardly believe that the writer of no. 15 was not thinking of that famous and much-imitated dialogue, the ninth ode of Horace's third book:

> *Donec gratus eram tibi,*
> *Nec quisquam potior bracchia candidae*
> *Cervici iuvenis dabat,*
> *Persarum vigui rege beatior.*

Surely this was in the mind of the man who wrote in just such a dialogue:

> *Do b'fhearr liom it fhochair-se,*
> *ós duit tugas mo chéadchais,*
> *inás righe an domhain-se*
> *do bheith agam it éagmhais.*

Cearbhall Ó Dálaigh's echo-song brings us into another world, the world of the Renaissance, for the Elizabethans borrowed from Italy that device of the mocking echo which John Webster used with such strange effect in *The Duchess of Malfi*. And when we read Pierce Ferriter's

> *Foiligh oram do rosg rín*
> *má théid ar mharbhais dínn leat;*
> *ar ghrádh th'anma dún do bhéal,*
> *ná feiceadh aon do dhéad gheal,*

our own lips begin to move involuntarily and to murmur:

> Take, oh, take those lips away,
> That so sweetly were forsworn;
> And those eyes, the break of day,
> Lights that do mislead the morn.

Ó Géaráin bids his mistress put away her mirror lest, looking in it, she herself be lost for love of all that irresistible beauty and pine away self-slain like Narcissus. So the Shropshire Lad, in our own day, warns his love:

> Look not in my eyes, for fear
> They mirror true the sight I see;

and for fear that she also will dote her image, like Narcissus who now wavers in the wind "a jonquil, not a Grecian lad." We might go on matching thought with thought, image with image, pain with pain, out of the age-long Book of Love, whose pages return always upon themselves, so that the poets of the Greek Anthology, the Romans Ovid and Propertius, the men of Provence, their pupils of Italy, the Elizabethans, the Jacobeans, the Carolines, write in again and again the same things with every variety of script and idiom.

And yet when we had finished our comparisons, we should find that there were something unconquerably native and original in the Irish contributions, an inbred tone and quality that comes from another tradition than the common European and that gives their peculiar edge and accent to these poems. This is more to be felt than illustrated, and it cannot be conveyed to those who do not know the language, for, as with all good poetry, here, too, the whole effect is dependent upon the deft handling of idiom and a keen sense of the history and the associations of words. And one who has attempted the translation of certain of these poems may be allowed to think that it is something more than an apology for failure to claim that they are essentially untranslateable. This native quality does not come altogether from their use of the figures of Irish story to point their argument, as when one poet, persuading his unwilling mistress to fly with him, recites the many precedents of elopement among the heroines of legend, or another celebrates the inventors of the arts of love among the Gael, telling with a pleasant fancy how Naoise discovered kissing one evening when he found Deirdre drawing on her trews, and how it has been left for him, the poet, to open the doors of jealousy, and now, alas! he cannot close them. No, it is a deeper thing than that, a something essential dyed in the material that makes them strange and singular in their kind. There could be no better illustration of this than that remarkable poem (no. 41 below), first printed by Mr. E. J. Gwynn, put into the mouth of the wife of Aodh Ó Ruairc, whom Thomas Costello is besieging with love in her husband's absence. It is a picture of a woman swaying between two loves, and many such pictures have been drawn, but never one like this. The poem divides itself into two halves, each of sixteen quatrains, the first half addressed to the husband, the second to the lover, only the lover has the lodgement of half a quatrain in the husband's portion. This distribution of the quatrains is in itself an exact image of the woman's mind. For she is going upon the razor edge of love; a nothing, a breath, a feather, a snowflake, two lines of verse, would incline her this way or that; she is faithful to her husband, yet as she wavers on the debateable border her mind has already passed over and waits for her body to follow; she calls to her husband to save her from all the subtle arts of her poet lover, and then turns to the lover and, pouring out her uncontrollable passion in a flood of wild apostrophes that leave no veil upon her secret will, she bids him betake him to his art of poetry and spare her and her husband and their wedded love. All this is told in an idiom of perfect simplicity, only the verse has all the complex harmony of alliteration and assonance and consonance that lends so subtle a charm to that most Irish of measures, the *deibhidhe*. The poem is in essence what Browning used to call a dramatic lyric, and is the last in a long series of poems, like the Old Woman of Beare and Liadain and Cuirithir, in which a figure or a situation of passion is realised with an absolute and final intensity. Such poems as these would alone justify the study of Irish literature, for their like is not to be found elsewhere, and their disappearance would be a loss, not only to Ireland, but to the whole world.

When Edmund Spenser was discoursing with his friend Eudoxus, the interlocutor questioned the poet on the compositions of the "kinde of people called the bardes, which are to them insteade of Poetts": "Tell me, I pray you," said he, "have they any arte in their composicons? or bee they any thinge wyttye or well favored as poems shoulde bee?" "Yea, truly," answered Spenser, "I haue caused diuers of them to be translated unto me, that I might understande them, and surelye they savored of sweete witt and good invencon, but skilled not of the goodly ornamentes of Poetrie; yet were they sprinckled with some prettye flowers of theire owne naturall devise, which gave good grace and comlines unto them, the which yt is great pittye to see soe good an ornament abused, to the gracinge of wickednes and vice, which woulde with good usage serve to bewtifie and adorne virtue."

There are translations and translations. And we do not

know who served Spenser in this office. It is clear that the poems he meant were bardic poems of the more formal sort extolling the deeds of chiefs. Poems of our type, perhaps, never came his way. Surely, if they had, he would have rocognised a familiar note in them. For these poems are witty and well-favoured in a kind that was only being brought to perfection in England in Spenser's own day. In the days when English bards were busy in beautifying and adorning the virtue of Henry VIII., this style was first practised in England. And that first harvest was gathered into the collection known from its printer as *Tottel's Miscellany* in 1557. The most casual glance at that volume will show how closely akin in subject these productions of the society that gathered round the Earl of Surrey and Sir Thomas Wyatt are to the Irish poems here printed. A few examples will suffice to show this. The examples may be taken from Sir Thomas Wyatt the Elder.

To a ladie to answere directly with yea or nay.

> Madame, withouten many wordes:
> Once I am sure, you will, or no.
> And if you will, then leaue your boordes,
> And vse your wit, and shew it so.

> For with a beck you shall me call.
> And if of one, that burns alway,
> Ye have pity, or ruth at all:
> Answer hym fayer with yea, or nay.

> If it be yea: I shall be faine.
> Yf it be nay: frendes as before.
> You shall another man obtain:
> And I mine owne, and yours no more.

And here is a rendering by Watt of a *strambotto* of Serafino's:

> *To his love whom he had kissed against her will.*

> Alas, Madame, for stealing of a kisse,
> Haue I so much your mynde therein offended?
> Or haue I done so greuously amisse:
> That by no meanes it may not be amended?
> Reuenge you then, the rediest way is this:
> Another kisse my life it shall haue ended.
> For, to my mouth the first my heart did suck:
> The next shall clene out of my brest it pluck.

Let anyone read the poems in this volume carefully and compare them with Tottel's collection, and he will not be able to escape the conclusion that this is the same matter, the same witty and well-favoured verse speaking with different tongues. These are collaterals descended from a common ancestor, but by a different way. Surrey and Wyatt got their inspiration out of Italy; it is a probable conjecture that our Irishmen derived the matter of their art from French sources, though in the later stages an English influence is certainly to be reckoned with.

But there is one main difference between the two schools. Reading Tottel, one is conscious of a matter not entirely assimilated, of a style as yet uncertain of achievement. Fine though much of the poetry is, it is yet not sure of itself, it lacks the poise and balance of achieved lyric art. That was to come later with Sir Philip Sidney and his fellows. In the Irish it is otherwise. The highest flights of the company of Surrey are above the reach of our poets. But the least remarkable of these Irish poems shows no lapse in technique, nothing otiose or unnecessary in style. Every word has its place and its meaning. The rhyming is perfect, the expression always neat and epigrammatic. These are not, as Spenser ignorantly affirmed, the "pretty flowers of their own natural device," an accidental blundering into beauty, but rather "the goodly ornaments of poetrie," the fruit of a long training and of old tradition.

The question of tradition is the gist of the whole matter. There was not in Surrey's day a stable tradition in English verse in poetry of this kind. In Ireland, on the other hand, an old and honoured tradition gave the poets a firm and steady grasp of style. One may quote here the excellent words of W. P. Ker in his address on the Eighteenth Century to the English Association: "It is the convention of a school or a tradition, such as keeps the artists from eccentricity, vanity, and 'expense of spirit,' the convention which makes an understanding between them as to what is worth doing, and sets them speedily to work, instead of wasting their time considering what they ought to do next."

This is said of the convention of the English eighteenth century, but it is equally true of the Irish poetical convention while it was still practised by the trained bards. In the eighteenth century the real life went out of the convention. and a diffuse and formless style replaced the strict athletic manner of the bards. But our poets still stand on the ancient ways, and their admirable idiom shows us the Irish speech as a living and muscular organism, producing literature.

There is little more that can be usefully said here. It remains only to thank Mr. O'Rahilly, who, with patient industry and an exquisite skill, has done for these our poets after three centuries what Tottel did for the English poets of his own time. And we may end by quoting Tottel's address to the Reader, which, with the necessary changes, applies exactly to this enterprise:

"That to haue wel written in verse, yea and in small parcelles, deserueth great praise, the workes of diuers

Latines, Italians, and other doe proue sufficiently. That our tong is able in that kynde to do as praiseworthely as ye rest, the honorable stile of the noble earle of Surrey, and the weightinesse of the depewitted sir Thomas Wyat the elders verse, with seuerall graces in sondry good Englishe writers, doe show abundantly. It resteth now (gentle reder) that thou thinke it not euill doon, to publish, to the honor of the Englishe tong, and for profit of the studious of Englishe eloquence, those workes which the vngentle horders vp of such treasure haue heretofore enuied thee. And for this point (good reder) thine own profit and pleasure, in these presently, and in moe hereafter, shal answere for my defence. If parhappes some mislike the statelinesse of stile remoued from the rude skill of common eares: I aske help of the learned to defend their learned frendes, the authors of this work: And I exhort the vnlearned, by reding to learne to be more skilfull, and to purge that swinelike grossenesse, that maketh the swete maierome not to smell to their delight."

So to-day let the learned defend their learned friends, the authors of these poems. And the "kind of people called the bards, which are to them instead of poets" will be avenged upon Edmund Spenser.

ROBIN FLOWER.

DÁNTA GRÁDHA

1

Aoibhinn, a leabhráin, do thriall
    i gceann ainnre na gciabh gcam;
truagh gan tusa im riocht i bpéin
    is mise féin ag dul ann.

5   A leabhráin bhig, aoibhinn duit
       ag triall mar a bhfuil mo ghrádh;
an béal loinneardha mar chrú
    do-chífe tú, 's an déad bán.

Do-chífe tusa an rosg glas,
10   do-chífir fós an bhas tláith;
biaidh tú, 's ní bhiad-sa, fa-raor!
    taobh ar thaobh 's an choimhgheal bhláith.

Do-chífe tú an mhala chaol
       's an bhráighe shaor sholas shéimh,
15   's an ghruaidh dhrithleannach mar ghrís
    do chonnarc i bhfís a-réir.

An com sneachtaidhe seang slán
 dá dtug mise grádh gan chéill,
's an troigh mhéirgheal fhadúr bhán
20 do-chífe tú lán do sgéimh.

An glór taidhiúir síthe séimh
 do chuir mise i bpéin gach laoi
cluinfir, is ba haoibhinn duid;
 uch‡ gani‡ mo chuid bheith mar taoi!

2

Aoibhinn an galar grádh mná,
 ní do b'annamh dá rádh riamh;
grádh marbhthach don taobh is-toigh
 beatha is aoibhne dár chruth Dia.

5 Bídh sé mar is aoibhne lais,
 ní luigh orchra air ná aois;
cionnas do-gheabha sé bás,
 an tí do-bheir grádh do mhnaoi?

Leór leis féin a mhéad do fhlaith,
10 beag a shuim i maith ná i maoin;
an tí do-bheir 's do-gheibh grádh
 do fhan sé go bráth fá aoibh.

3

Céad slán iomráidh do na mnáibh,
    cuideachta chroidhe is sáimh méin;
maithim féin a luighe rúin,
    ionnta is mó mo dhúil fán ngréin.

Céad slán iomráidh dhóibh a-nocht,
5   guth ar mhnáibh is olc an chiall;
gibé lerab fuath an dream,
    atáim-se i ngeall ortha riamh.

Ni dhearnsad aonolc dá mhéad,
    bíoth go dtuitfeadh mór gcéad ann,
10 nár bh'fhiú iad a léigean leó,—
    beannacht dá mbeó is dá marbh.

Tar a ráidhid ris an druing,
    ní thuigim, ar tuinn ná ar tir,
dá mbeinn-se dá mheas go brách,
15   créad do-ghéanadh cách dá ndíth.

Dá mbeith nách biadh an dream suairc
    nách léig inn fá ghruaim do ghnáth,
i bhfad uainne nó dár gcóir,
    is beag liom dóibh mo chéad slán.

20

A dhaoine do sgríobhas go lochtach ar mhnáibh,
Saoilim nách críona bhar n-obair gan áird,
Is aonmhaith nár fríth san domhan go-dtrást
Nách trítha do shíolraig, mar is follas do chách.

4

Mairg adeir olc ris na mnáibh!
    bheith dá n-éagnach ní dáil chruinn;
a bhfuaradar do ghuth riamh
    dom aithne ní hiad do thuill.

Binn a mbriathra, gasta a nglór,
    aicme rerab mór mo bháidh;
a gcáineadh is mairg nár loc;
    mairg adeir olc ris na mnáibh.

Ní dhéanaid fionghal ná feall,
    ná ní ar a mbeith grainc† ná gráin;
ní sháraighid cill ná clog;
    mairg adeir olc ris na mnáibh.

Ní tháinig riamh acht ó mhnaoi
    easbag ná rí (dearbhtha an dáil),
ná príomhfháidh ar nách biadh locht;
    mairg adeir olc ris na mnáibh.

‡Agá gcroidhe bhíos a ngeall;
    ionmhain leó duine seang slán,—
fada go ngeabhdaois a chol;
    mairg adeir olc ris na mnáibh.

Duine arsaidh leathan liath
    ni hé a mian dul 'na dháil;
annsa leó an buinneán óg bocht;
    mairg adeir olc ris na mnáibh!
            —*Gearóid Iarla.*

5

Fir na Fodla ar ndul d'éag
    do ghean ar ghné na rosg nglas,
muna raibh eire óir ar a folt,
    dar leó féin is olc an dath.

5   Ni hionann iad is mé féin;
    dar liomsa ní clé an chiall,
ni fearr liom dath dá mbia ar a súil
    ná an dath bhíos ar chlúmh na bhfiach.

Ní iarraim iomad don rós
10   'na haghaidh, ná ór 'na gruaig;
ait liom lí cailce ar a corp,
    is a folt ar dhath an ghuail.

Dubh do bhí máthair na mná
    tréar cuireadh ar lár an Trae,
15   's do bhí a hinghean mhaiseach mhór
    go ndeallradh óir ar a céibh.

Cé do bhí an dias bhéildearg bhinn
    bean díobh fionn agus bean dubh,
níor bh'fheas d'aon dá bhfacaidh iad
20   cé don dias do b'áille cruth.

Péarla croinn† ar n-a cheangal d'ór,
    do mhnaoi bhig is mór mo ghean;
beag do hórdaigheadh ar dtúis
    an t-each, an chú, 's an bhean.

25 Do-ghéan m'fhaoisidin ós árd,
        inneósad do chách mo chaoi,
    cuid is mó dá ndearna d'olc
        nách faicthear dam locht ar mhnaoí!

    Ní locht liom uirthi a beith beag,
30   ní misde leam a beith mór;
    sáith ríogh ar leabaidh 's ar láimh
        gach inghean árd álainn óg.

    Muna raibh a cneas mar chuip,
        nó mar shneachta cnuic gan clódh,
35 ní locht liom uirthi a beith ciar,
        geanamhail iad ó bheith crón.

    Cuma liom a beith 'na siair
        nó a beith ó iaith Inse Craobh,
    acht amháin gur dúbalta an grádh
40   ag na mnáibh ó bheith 'na ngaol.

    Ní do na mnáibh glioca a-mháin
        do-bheirim fós grádh nó gnaoi:
    aithne an bhiolair tar an bhféar
        níor bheag liom do chéill ag mnaoi.

45 Ionmhain liom (maith do-ním)
        'na baintreabhaigh í is 'na hóigh;
    gidh maith anmhain ris an aois,
        is maiseach í ó bheith óg.

    Maith bean i n-eaglais na naomh,
50   tromdha ar tulaigh, caomh 'na teach;
    romhaith liom í lán do lúth
        nuair is éigean dúinn bheith leamh.

Ní bhfaghaim locht—bríogh mo sgéil—
    ar mhnaoi fán ngréin acht bheith sean;
55 is óg ar dhá fhichid iad,—
    's léigthear a mhian do gach fear.

—Riocard do Búrc.

6

Do-bhéaram seal re saobhnós,
    ní bhiam re baothghlór banda;
na mná dhíobh ba díol tola
    ní hiad a-nosa is annsa.

5   Acht gidh iad na mná sgiamhdha
    is mó iarrthar le fearaibh,
isí an bhean díobh badh Gráinne
    badh sáimhe liom im leabaidh.

Agam dá mbeadh an bhantracht,
10   mná Alban is mná Sagsan,
do b'fhearr liom beagán páirte
    ón mnaoi is Gráinne dá bhfaca.

Bheith gan choirce gan chruithneacht
    beag do thuigeas gur bh'easbhaidh;
15 ní ionnta do bhí ar gcáisne,
    acht bheith gan Ghráinne is eagail.

Níor cheist oram dá ndéineadh
    goid nó éigean ó dtiocfainn;
mo mhallacht ar m'fhear páirte
20   nár fhágaibh Gráinne im iothlainn.

Bean is Gráinne don bhantracht,
    bheith 'na hannsa ní shéanfam;
tug sí mo chiall ar claochlódh,—
    seal re saobhnós do-bhéaram!
            —*Laoiseach Mac an Bhaird.*

7

Sgéal ar dhiamhair na suirghe
    inneósad duibhse go frosach,
ós damh is cóir a sheóladh
    mar do rónadh í ar dtosach.

5   Mac ríogh ó Chorca Dhuibhne,
    Diarmaid na bruinne báine,
an céidfhear ar ar fionnadh
    ionga thabhairt do Ghráinne.

Macaomh eile tug annsacht
10   do mhnaoi do bhantracht na Gréige,
Cú-chulainn na gcleas n-iongnadh,
    is leis do rinneadh an sméideadh.

Lá dhá raibh i ndiaidh seilge
    go bhfuair Deirdre ag dul 'na brógaibh,
15   Naoise, an fear fial fosaidh,
    isé do thosaigh na póga.

Uaithne mac Conaill Chearnaigh,
    seabhac na sealga sirthe,
ar an suirghe chuir cumaoin,
20   claonadh an mhuiníl do righne.

Ábhartach ón tsídh bhallaigh
    nách gabhadh cumha ó ghallsmacht,
le hubhlaibh na gcrann gcaithne
    is leis do caitheadh an bhantracht.

25 Céadach mac Rí na dTolach,
        fear nár throdach i dtigh óla,
    is leis do croitheadh an t-uisge
        ar mhnáibh cnisgheala Fódla.

Aonghas ó Bhrugh na Bóinne,
30   mac an Óig an bhruit chorcra,
    ar inghin ghruagaigh na sithleadh†
        is leis do righneadh an folcadh.

Glas mac Aoinchearda Béarra,
    'gá bhfaghthaoi sgéala suarca,
35 is leis do léigeadh an osnadh
        ar bhruach locha na Luachra.

Silleadh súl, gearradh† feadáin†,
        suirghe Mhongáin mhic Fhiachra;
    guth caoin do chur le téadaibh
40   maith do bhréagfadh bean fhiata.

Mise féin—móide an donas—
    d'osgail doras an éada
is nár dhruid é go tapaidh;
    ag sin agaibh mo sgéala!

8

Neimhthinn an galar é an grádh,
    bréag a ráidhid cách dá thaoibh;
éinneach riamh ní raibhe slán
    ag nách raibhe grádh do mhnaoi.

5   Grádh mná 'gá bhfuilim i láimh,
    ní bhiam tríd ag dáil na ndeór
is fada ó do-ghéabhainn bás,
    acht an grádh dom chongbháil beó.

Do chongaibh mé m'fheóil is m'fhuil
10   do ghrádh ainnre an chuirp mar ghéis,
ithim mórán, do-ním suan,
    in gach ceól is buan mo spéis.

Moille mé ná crann re sruth;
    atá mo ghuth ar mo bhreith;
15   dá mbeidís bruit Leithe Cuinn
    fá mo dhruim, do bheith sé te.

Is teó an teine ná mo chneas,
    dá mbeinn fá eas do bheinn fuar;
dá ndeacha duine seang slán,
20   do-ghéabha mé bás go luath.

Toramsa do thiocfadh téad,
    is fliche mo bhéal ná an sponc,
dar fia! ní íobhainn an loch,
    is cruaidhe cloch ná mo bholg.

25 Aithnim nách oidhche an lá,
    aithnim an bád tar an luing,
aithnim an dubh tar an mbán,
    tar a bhfuil do ghrádh fám thuinn.

Aithnim nách capall an fiadh,
30   aithnim nách é an sliabh an mhuir,
aithnim an beag tar an mór,
    aithnim nách é an rón an chuil.

Cuid do dheireadh báid ós tuinn
    is seacht gcuill ar nách bíd cna,
35 an t-ainm fá bhfuilim i mbroid;
    is aon do sgoil bheanfas as.

Aoinbhean is annsa fán ghréin,—
    ní bhia mé níos sia dá cheilt—
ní rug a grádh uaim mo chonn;
40   dar an Rígh, ní holl mo neimh!
                —*Cúchonnacht Ó Cléirigh.*

9

Aghaidh gach droichsgéil a-mach!
    ní chuala mé cath ba mó
ná a bhfuil ag éag leis an ngrádh:
    is iongnadh dhúinn mar tám beó.

5 Taom grádha do mhnaoi fán ngréin
    ní thugas féin, feirrde liom,
's nocha dtiubhar go dtí an bás;
    ní beag leam cách ina ghioll.

Na fir-se ag dul d'éag don ghrádh
    fúigfid siad na mná dá n-éis;
eadamair éistfidhear rinn
    muna bhé beó acht sinn féin.

Na fir shuairce-se théid d'éag,
    mé an t-aon do chéad gan dul leó;
a Chríost, créad fá bhfaghainn bás
    's go bhfaghthar mná is anmhain beó?

An lucht so atá uaibh i bpéin,
    más fíor dóibh féin, i riocht mhairbh,
léigid míle cnead is uch,
    a Dhé, go dtí an guth fón ngairm.

Na daoithe nár pheacaigh riamh,
    (uch, a Mhuire!) a chiabh na gclann,
is mairg duitse atá dá mbreódh,
    bíodh gur cuma a mbeó nó a marbh.

A Mhic Muire, nách ait dúinn
    iad ag seargadh súil re bás?
mo thruaighe daoithe na nduadh,
    's nách aithnid dóibh fuath ná grádh.

Daoine ag magadh fútha féin,
    dá rádh go mbíd i bpéin bháis,
dá bhagar go rachaid d'éag,—
    iongnadh an gléas meallta ar mhnáibh.

Créad fá gcreidfinn duine féin
    dá rádha riom go dtéid d'eag,
's nách tig claochlódh ar a chruth?
    Fear, a Chríost, ar lucht na mbréag!

10

Beag linn ar mbeannacht don mbás;
　　ní diomdhach dhe mar chách mé;
fada go mbeinn-se ar a gcor,
　　an drong chaoineas fod a ré.

5　Más fíor nách maireann acht sinn,
　　is tuirseach damhsa linn féin;
mór an mhaidhm-se tug an grádh;
　　duine ar n-imtheacht a hár mé!

Forgla a bhfaicim-se do chách
10　　isé a marthain is cás leó;
ní duine eatarra sein
　　gibé do thairgfeadh bheith beó.

Cuid dá maoidheann bheith re bás
　　aithne dhamhsa mar tád sin,
15　ar ghrádh Chríost ná habraid é,
　　is mairg ina méinn‡ is-tigh.

Duine beó dá rádh nách mair,
　　(och, a Mhuire!) is ait an sgeól;
do-chluinim daoine ag dul d'éag
20　　's badh bheag an sgéal a mbeith beó.

Nior hadhlacadh a leath sin,
　　an mhéad dá dtugadh ris bás;
truagh a gcuirthear air do bhréig;
　　atá flaitheas Dé ag an ngrádh.

25   Go gcead dá gcluanaireacht féin,
       na fir sin théid d'éag don ghrádh,
fiarfaigh dhíobh an deimhin leó
       nách bhfuigheadh duine beó mná.

Gach peannaid bhréige 'na mbíd
30   gach iomlat leamh do-ní siad,—
a bhean bhog, do mheallfadh súd
       †go madh measa thú ná Dia.

An mhéad ghoireas ar an mbás
       (gion gurb é a n-olc ar gcás tinn),
35 dá dtige fó ghairm na bhfear,
       ar mbeannacht leó ní beag linn.

11

Tuirseach sin, a mhacaoimh mná!
       do bheith dubhach níor ghnáth leat;
a los h'innmhe i measg do ghaoil,
       's iongnadh liom do mhaoith, a bhean.

5   Gibé heilc is damhna dhuit,
       ní mheasaim go bhfuil ar h'óidh
éinneach romhad dá bhfuair bás;
       nocha dtuigim fáth do bhróin.

H'osna luath, do labhairt mhall,—
10   is cosmhail ribhse, a bharr síodh,
gur imthigh ní éigin ort,—
       ag sin do chruth ar ndol díot.

Do-chím gur chlaochló a niamh,—
    an ghruaidh thibhreach, an chiabh thiogh,
15   an troigh réidh, an bhrágha bhán;
    cosmhail go dtugais grádh d'fhior.

Fear ar talmhain dár char tú
    ná ceil orm, a chúl na sreabh;
ná fulaing níos foide i bpéin,
20   dá madh mise féin an fear.

Cead suirghe do-gheabhthá uam,
    a bhéal tana ar snuadh na subh:
do thuigfinn do bheith i bpéin,—
    do bhí mise féin id chruth.

25 An grádh baoth-sin tugais damh
    dá bhfeasainn ort, a bhas shlim,
san mbruid sin ní léigfinn tú;
    truagh nár léigis do rún rinn.

Má tá go dtugais grádh dhamh,
30   fá a chur chugam ná gabh sgáth;
beag dhligheas an náire dhíot;
    aithne dhamh mar bhíos an grádh.

Gith oram, a urla fiar,
    badh leat gach ní i mbia do chuid;
35 mo bhréagadh red bhruinne bhán
    ca fios nách bhfuil i ndán duit?

Tar ghuidhe mná is docair dul;
    bí dom aslach, a chruth fial,
gan fios nách dtiucfadh an uair
40   ina bhfuightheá uaim do mhian.

Ní beag dhuit ar léigis thort,
 tréig h'aithmhéala, nocht do rún,
druid anall, ná bí mar soin,
 féach an cruth-soin i bhfoil tú!
     —*Laoiseach Mac an Bhaird.*

12

Coisg do dheór, a mhacaoimh mná,
 's ná creid go bráth lucht na mbréag;
ní bhfuil bean dá bhfuil mo ghrádh
 is ní bhiaidh tráth acht thú féin.

5 Iomdha ainnir mhánla shuairc
 ar gach bruach don loch-sa thíos,
ag iarraidh mo mheallta uait,
 is ná bíodh gruaim ortsa tríd.

Ní bhfuil bean dá háille gruaidh,
10 gibé stuaim do bheith 'na méin,
do bheanfadh mé dhiot re cluain;
 bí go suairc, is ná creid bréag!

A Róise bheag mhómhar is snasta guth cinn,
Is glórmhar do cheól-sa ar maidin, 's is binn,
15 Is mór meas do mhó-sa dá n-aithris, dar linn;
Is más só leat mo phóg-sa, be sí agat gan ruinn!

13

A bhean fuair an falachán, *softwaved hair*
    do-chiú ar fud do chiabh snáithmhín
ní as a bhfuighthear achmhasán
    d'fholt Absolóin mhic Dháividh.

5   Atá ar do chéibh chleachtsholais
    ealta chuach i gceas naoidhean;
ní labhraid an ealta-soin,
    's to bhuaidhir sí gach aoinfhear.

Do bharr fáinneach fionnfhada
10   roichidh fád rosgaibh áille,
na ruisg corra criostalta
    go mbíd 'na gclochaibh fáinne.

Maise nua do thógbhais-se,
    gibé tír as a dtáinig,—
15   do lámh gan idh órdaighthe
    is céad fáinne fát bhráighid.

Do chas an cúl tláthbhuidhe
    timcheall an mhuinéil dirigh:
iomdha idh fón mbrághaid-sin,—
20   is brágha í dá-ríribh!

14

I mbrat an bhrollaigh ghil-se
ní bhiadh an dealg droighin-se,
   dá mbeith, a Mhór bhéildearg bhinn,
   an éindealg d'ór i nÉirinn.

5   San mbrat-sa níor chóir do chur
acht dealg d'fhionndruine uasal,
   nó dealg iongantach d'ór cheard,
   a Mhór bhionnfhoclach bhéildearg.

A fholt lag ar lí an ómra,
10   a chur id bhrat bhreacórdha,
   a stuaigh chobhsaidh nár chealg fear,
   nior chosmhail dealg don droighean.

Níor churtha, a chnú mo chroidhe,
id bhrat eangach iolbhuidhe,
15   a ghruaidh dhearg do-ghéabhadh geall,
   acht dealg do-ghéanadh Gaibhneann.

A ghruadh chorcra do char mé,
gan dealg óir acht an uair-se
   ar feadh na huaire, a ghlac ghlan,
20   do bhrat uaine do b'annamh.
          —*Fearchar Ó Maoilchiaráin.*

15

"Cionnas atá m'éanghrádh-sa
    anois d'fhearaibh an bheatha?
Is adhbhar dom ghéarchrádh-sa
    do chloistin i gcás deacra."

5   "Gus anois do shaoileasa
    go raibhe mo shearc leibhse,
a ainnear nua naoidheanta,
    nó go gcuala an sgéal eile."

"Ná bíodh riom do rothuirse,
15   ó nách sgéal fíre fuarais;
ní raibhe cuid comhairle
    dhamh i n-aoinní dá gcualais."

"A ríoghan fhionn úrghasta,
    aithnim oram do neimhchion;
15   leat ar son mo dhúthrachta
    do marbhadh mé fá dheireadh."

"Fir domhain ar éintslighe
    dá marbhainn gus an am-sa,
is duitse, a shaoir shéimhidhe,
20   do-bhéarainn deireadh marbhtha."

"Do ghrádh gé mór chomaoidhe,
    a bhean go n-éagosg deaghmhná,
fa grádh do chionn comaoine
    nó gur dhearbhais do neamhghrádh."

25 "Do b'fhearr liom it fhochair-se,
        ós duit tugas mo chéadchais,
inás ríghe an domhain-se
        do bheith agam it éagmhais."

"Más fíor ⸱gach⸱ a n-abrai-se,
30   ní beite dhúinn go dubhach;
beag leigheas mo ghalair-se;
        ní bhiú feasta acht go subhach."

16

Féach orm, a inghean Eóghain;
mé ón éag-sa‡ aithbheódhaigh,
        cidh ní is doidhéanta dhíbh sin,
        a roiréalta shídh‡ shoilbhir.

5 Ná bí mar chách im choinne,
féach dár-íribh orainne,
        (ní hé gurb infhéachta ar ndreach)
        a bhé chinéalta chráibhtheach.

Is fada an tréimhse a-tú sonn,
10 gan aire ag aonmhnaoi oram;
        a mhian slóigh bhastana† Bhreagh
        fóir mh'easbadha is mh'éigean.

Muna bhfóirthear led dhreich nduinn
gach anbhuain dá bhfuil orainn,
15   dul fá chriaidh is críoch dom cheas;
        ní fríoth ó liaigh mo leigheas.

Córaide leigheas mo luit,
do thréigeas gach ógh ordhraic
    ort, gér bh'fhoiréadmhar le cách,
    a fholt foighéagach fionnbhláth.

Díbhse bhós, a bhriathar nár,
do radas toil is tromghrádh,
    gér chúis anbhuaine a dháil duit,
    a bhanGhuaire Chláir Chormaic.

Coimhéad mo chroidhe le a chois
tug mé dhuitse le díoghrais;
    's an uair do b'fhéidir a dháil,
    uaibh nior bh'fhéidir a fhagháil.

Is mar sin fós, tar gach fear,
(ní hiongnadh mé dá mhaoidheamh)
    ag cur do chlú tar sál soir
    a-tú, is fá Chlár Chobhthaigh.

Do léigeamar a-rís ruibh
tar ógmhnáibh Inse Tuathail
    rún nár nochtamar do neach,
    a chúl foltramhar fáinneach.

A los ina ndearna dhuid
fóirthear ribh tráth mo threabhlaid;
    's í uair an éigeantais so,
    a stuaigh ghéiggealtais ghrianda.

Cuir arís le tromghrádh te
do lámha i gcoinne a chéile,
    a chraobh fhionn-sa ara gnáth gean,
    'na bhfonnsa tráth im thimcheal.

45 Le póig badh milse ná mil
    sín chugam i n-áit uaignigh,
        a chiabh fhionnfholtach éan gcruinn,
        an béal bionnfhoclach balsaim.

    Tabhair arís led bhais bháin
50 fásgadh docht ar mo dheasláimh;
        fág rian do ghlainmheóir im ghlaic
        dom aimhdheóin, a fhial ordhraic.

    Do rosg chomh réidh re gluine
    tógaibh gan fhios d'aonduine,
55   a chúl réidh tioghchladhach trom,
        *'s féagh go friochnamhach oram.

    *Do bheith mar sin badh bádhach,
    is bheith soilbhir soghrádhach,
        fán‡ toirmisgthe tráth ar ndoigh;
60   soibhriste snáth ar saoghail.

    Ós bás do-gheabhad go grod,
    so amháin a n-iarraim orad,—
        *(tú féin ag an éag badh crádh)
        ná féag do sgéimh id sgáthán.

65 Sul mhealla sé sinn ar-aon,
    ná féach ar an bhfolt bhfionnchlaon:
        lugha sgéal duine ná dís,
        a ghluine mar néimh nuaighrís.

    Mar sin fós, is cian ro clos,
70 sgéal neamhghnáth ar Narcissus,
        an fear ba sgiamhaighe sgéimh,
        fiadhaidhe na bhfeadh bhfoiltréidh.

Ar ngabháil dó (dia do bhail)
lá éigin le taobh tobair,
75   *do dhearc san tsruth nár shearbh sreabh
    a chruth, a dhealbh, 's a dhéineamh.

Tug sé grádh fíochmhar folaigh
go baothchroidheach banamhail
    *dá ghnúis fhinnmhíolla féin,
80   gur chúis dimbríogha doiséin.

A sgáth féin do mhill an mac;
do bhí bhós agá iomlat,
    go dtug bás dó, mar deirthear;
    gá mó cás dá gcuimhnighthear?

85 Ná mealltar sibhse mar sin,—
ort féin go fírghlic foiligh,
    a fhionnfholtach is séimh socht,
    do sgéimh iongantach éadrocht.

Do dhá chích comhbhán re laogh,
90 foiligh iad, a bhas bharrchaol,
    's an dearc úr mharbhrosgach‡ mhall,
    's an cúl gaibhleasgach† géagcham.

Foiligh fós an béal mar shuibh,
's an dá ghruaidh mar ghréin tsamhraidh,
95   barr na gcraobh bhfíthe bhfeactha,
    's an taobh síthe soineanta.

*Choidhche arís ná féach orra,
glaca míne méarchorra,
    *troigh ghealmhálla is trácht‡ buinn,
100   sál is seangmhálla séaghainn.

*Muna dtí dot áilleacht féin
do bhuaidhreadh, a gheal ghnúisréidh,
    *do chách ní sobhuainte ruibh,
    dobhuailte gach áth oraibh.

105 Dá mealltá re silleadh súl
fir Éireann, a chiabh chladhúr,
    mo-nuar! ní soimheallta sibh,
    a stuagh shoineanta shoilbhir.

Usaide dhíbh, a dhreach nár,
110 goid mo chroidhe óm cheartlár,
    ón ngoid cidh gearrshaoghlach mé,
    neambaoghlach doid a ndlighe.

A-tá an tuath go léir ruibh;
's dá mbeadh aonduine it aghaidh,
115   ní duit nách compánach cill,
    a chruit tiompánach théidbhinn.

Tug uait aiseag mo chridhe,
a ghnúis álainn‡ ainglidhe,
    a ré fhíornár ghorm mar ghloin,
120   is orm re fíorghrádh féachaidh!
                                        —Ó Géaráin.

17

Ná bí dom buaidhreadh, a bhean,
cuiream d'aontaoibh ar n-aigneadh,
    tú mo chéile i gClár na bhFionn,
    lámh tar a chéile cuiream.

5   Cuir an béal ar snuadh na subh
rem béal, a chneas mar chubhar;
    sín an ghéag chneasaolta chorr
    tar mhéad th'easaonta oram.

Ná bí níos foide, a shéimh sheang,
10   gan bheith tairise im thimcheall;
    leig id chuilt, a mhínsheang, mé,
    síneam ar gcuirp re chéile.

Mar do thréigeas, a thaobh slim,
ortsa gach aoinbhean d'Éirinn,
15   a dhéineamh más éidir ann,
    tréigidh gach éinfhear oram.

Mar do dháileas dod dhéad gheal
an toil nách éidir d'áireamh,
    cóir a dháil damhsa mar so,
20   bhar n-annsa, sa cháil chéadna.

18

'Sí mo ghrádh
an bhean is mó bhíos dom chrádh;
    annsa í óm dhéanamh tinn
ná an bhean do-ghéanadh sinn slán.

5   'Sí mo shearc
bean nár fhágaibh ionnam neart,
    bean nách léigfeadh im dhiaidh och,
bean nách cuirfeadh cloch im leacht.

'Sí mo stór
10 bean an ruisg uaine mar phór,
        bean nách cuirfeadh lámh fám chionn,
bean nách luighfeadh liom ar ór.

'Sí mo rún
bean nách innseann éinní dhún,
15   bean nách cloiseann ní fán ngréin,
bean nách déin ⸸orm⸸ silleadh súl.

Mór mo chás, *affliction*
iongna a fhad go bhfaghaim bás,
        an bhean nách tiubhradh taobh liom,
20 dar mo mhionn, isí mo ghrádh.

19

A mhac-alla dheas,
        duit ós feas a lán,
créad, a ghlórach ghrinn,
        do-bheir sinn dár gcrádh?—Grádh.

5 Grádh; dár ndóich, ní headh;
        aithne damhsa an gean,
innis damh go fíor.
        mo shnuadh dhíom cé bhean?—Bean.

Más bean mar gach mnaoi,
10   a Dhé bhí, fo-dear
mo chéadfadh do chlódh,—
        uch, dár ndóich, ní headh!—Ní headh.

Munab eadh atá bé
    do Thuathaibh-dé dom chrádh;
15 leigheas i ndán damh
    innis damh má tá.—Atá.

A shíogaí ghlic ghrinn,
    friotail rinn go réidh
créad is leigheas damh;
20   níor fhionnas ort bréag.—Éag.

Más é an t-éag go dimhin
    foircheann fíre‡ ar bpian
é do dhruidim liom
    do b'ait liom, dar fia.—Dar fia.

25 Dar fia féin do b'ait,
    a ghlac ghlan gan ghó;
gidh eadh, ar do bhás
    ná cluineadh Cáit só.—Cad so?

Cad so an diabhail ort,
30   a thrú nár loc bréag,
fáth do mhagaidh can
    faoi Cháit is glan déad.—Éad!

Más trí Narcissus tréan
    ataoi ag éad ret olc,
35 beag an díth, dar Duach,
    a dhul uait fán loch.—Och!

Och is míle mairg
    do-chluinim agaibh gach laoi;
créad atá libh dá luadh,
40   a chú chuarta an chaoi?—Caoi.

Do chaoi Narcissus náir
　　do rug bárr gach gnaoi
sguir, is go rug Cáit
　　a bhárr so, más fíor.—Is fíor.

45　Beannacht ar do bhéal
　　nár chan bréag i-niu;
ó taoi ag dul i bhfad
　　cuirim leat *adieu.*—Adieu!
　　　　　　　—*Cearbhall Ó Dálaigh.*

20

Fuar dó féin an croidhe tinn,
　　do chuireas tríom rinn mo dhearc;
fuaras a dheimhin uaim féin
　　nách i bhfaillighe théid searc.

5　Éagóir nách aigeórainn air,
　　mar tá an croidhe do thail mná;
eisean féin do rad an seirc,
　　beag más caointe a bheith mar tá.

Admhaim fós nách beadhgfainn leis,
10　　an croidhe luath-so im leith chlí;
aithfear dósan níor dhligh mé,
　　eólas damh ní hé do-ní.

Reagar a leas drud mo shúl,
　　atáid siad ag súgh mo neirt,
15　reanna mo dhearc ag dul trínn,
　　is orra féin do-níd beirt.

Foghlach damhsa mo dhearc féin
    is dearc eile, gi-bé hí;
fada mo phian, gearr mo lá,
20   ón lucht uilc-se a-tá ar mo thí.

Leaca bháindearg is braoi dhubh,
    aghaidh thintidhe is ucht fuar,
luid do reannaibh a rosg gcorr
    do rad áladh orm, mo nuar.

25 Arm díobhraigtheach nár dhoirt m'fhuil
    siar trém chroidhe do chuir sí,
éinbhean is luige fán mbioth,
    mo neart uile ciodh fár shní?

Torchair míle romham riamh
30   don ghalar-so, is iad slán;
taothas féin mar gach fear dhíobh,
    teagmhaid neithe bhíos i ndán.

Ainm fir acht gan uathadh ann
    i dtosach mo rann atá;
35 a dhuine ar a bhfuil 'na shnaidhm,
    féach ar deireadh ainm na mná.

21

Saobh do chiall, a chroidhe leamh;
    mór do leagadh leat dá barr
saoilim ⊰féin⊱ dá ndeachthá d'éag
    †go mbiadh do leimhe tar th'éis ⊰ann⊱.

5 A chroidhe roleamh bocht baoth,
       uch! go‡ dtugasa taobh leat;
   mairg nách gan chroidhe atám riamh;
       truagh do chiall, a chroidhe leamh.

   Ní thuigeann tusa thú féin,
10   neach fán ngréin ní tuigthear leat;
   mairg atá agad i ngiall;
       saobh do chiall, a chroidhe leamh.

22

   Mairg dara galar grádh baoth,
       mairg, fa-raor, do bheith mar táim;
   ní hiomdha neach ar mo nós
       dá bhfuil fós i nInis Fáil.

5 Colladh ní fhéadaim ná suan,
       i n-éinní ní buan mo spéis;
   mairg duine do bheith mar tám
       do ghrádh mná an chuirp mar ghéis.

   Inghean tséaghainn an fhuilt tslim,
10   isí sin do mhill mo ghné;
   innisim fós, gibé fáth,
       go gcuirfe a grádh mise i gcré.

   Smólach bheag agus lon dubh,
       agus naoi gcoill 'na gcruth féin,—
15 ainm na mná dá dtugas grádh,
       tré bhfuilim do ghnáth i bpéin.

Uaithi sin atáim gan bhrígh,
    is tá mo chlí fós dá chailg,
*an uair smuainim a beith dá luadh;
20   damhsa féin is buan an mhairg.

23

Mór mo ghalar do ghrádh mná,
a grádh dom ghoin gach aonlá;
    an ghéag bhonnbhán bhinn gan locht;
    is lomlán inn dá hannsacht.

5   A béal dearg 's a gruadh ghairthe,
mo thoil dáibh is deaghaithne,
    dá corp ghlan mar chlár cubhair
    nár chan acht glár geanamhail.

Ní teinn galar acht an grádh,
10   innis do ghéig na ngeallámh,
    stuagh fhannlámhach go gcorp chaomh,
    na bhfolt ngabhlánach ngéagchlaon.

Ní lór linn do reic mo rúin
acht finnbhean don phréimh rechtiúil†,
15   lúb thaoibhgheal nár thréig mo thoil
    's nár léig aoinfhear 'na hiomdhaidh.

*Ocht gcoill nách d'fhiodhbhaidh na cruinne
tarla idir thrí consaine,—
    ainm na mná do mhear mo chéill:
20   mo ghean mar tá gan toibhéim.

24

Ní truagh galar acht grádh falaigh,—
    uch, is fada gur smuain mé,
ní bhiad níos sia gan a nochtadh,
    mo ghrádh folaigh don tseing shéimh.

5   Tugas grádh nách féadaim d'fholach
    dá folt cochlach, dá rún leasg,
dá malainn chaoil, dá rosg gorm ⊰ghlas⊱,
    dá déid shocair, dá gnúis tais.

*Tugas fós, gion go n-admhaim,
10   grádh mar mh'anam dá píp réidh,
dá guth róibhinn, dá béal blasta,
    dá hucht sneachtmhar, dá cígh ghéir.

Uch, mo-nuar! ní théid i ndearmad
    mo ghrádh sgamlach† dá corp geal,
15 ‡dá troigh shlimchirt, dá trácht tana,
    †dá gáire rín, dá crobh tais.

*Bíodh nár fionnadh riamh ruimhe
    méad mo chumainn dí tar chách,
ní bhfuil, ní bhiaidh, is níor imthigh
20   bean is truime ghoid mo ghrádh.

25

Ionmhain, a bhean, h'oirneadh folt,
    ionmhain aithne do rosg nglas;
más ionann leat is do bhás,
    ionmhain tú go brách, a bhean.

5   Ionmhain troightheach bonnbhán bog;
    ionmhain, roionmhain, rosg mall,
glasramhar righin a thriall,
    atá mh'anam i ngiall ann.

Ionmhain seingchneas mar chaol con,
10   ionmhain aitheasg is docht rún;
(nár thí sé adram is Dia!)
    ionmhain órfholt is lia lúb.

Ionmhain gan dearmad déad ceart,
    ionmhain seangbhraoi is tearc clúmh;
15   gan a n-iomrádh ní fhéad neach,
    ní tualaing searc déanamh rúin.

Ionmhain áineas nó a fearg riom,
    ionmhain crádh go hionn a meóir
(deireadh dá gach cogadh síoth),
20   ionmhain cíogh mar uigh ⊰an⊱ eóin.

A ró seirce isé rom-shearg;
    créad fá ngeabhadh fearg í?
dá grádh, ar olca riom féin,
    dá bhfaghainn bás, créad é an díth?

26

Léig díot t'airm, a mhacaoimh mná,
  muna fearr leat cách do lot;
muna léigir th'airm-se dhíot,
  *cuirfead bannaí† dáirithe† ort.

5 Má chuireann tú th'airm ar gcúl,
    foiligh feasta do chúl cas,
  ná léig leis do bhrághaid bhán
    nár léig duine do chách as.

  Má shíleann tú féin, a bhean,
10   nár mharbhais aon theas ná thuaidh,
  do mharbh silleadh do shúl rín
    cách uile gan sgín gan tuaigh.

  Dar leat acht cé maol do ghlún,
    dar fós acht cé húr do ghlac,
15 do loitsead a bhfacaidh iad,—
    ní fearra dhuit sgiath is ga.

  Foiligh oram th'ucht mar aol,
    ná feicear fós do thaobh nocht‡;
  ar ghrádh Chríost ná feiceadh cách
20   do chíogh rógheal mar bhláth dos.

  Foiligh oram do rosg rín,
    má théid ar mharbhais dínn‡ leat;
  ar ghrádh th'anma dún do bhéal,
    ná feiceadh aon do dhéad gheal.

25   Más leór leat ar chuiris tim,
         sul a gcuirthear sinn i gcré,
a bhean atá rem ro-chlaoi†,
      *na hairm-sin díotsa léig.

                              —*Piaras Feiriteur.*

27

Gluais, a litir, ná léig sgís
      go bhfaice tú a-rís í féin;
fiafraigh dí an bhfuigheam bás,
      nó an mbiam go bráth i bpéin.

5   Más í an phian do dheónaigh damh,
         fiafraigh dí gá fad an phian;
nó más bás do-bhéara dhúinn,
      fiafraigh ⤙dí⤚ gá húir i mbiam.

An sgéal fada ní hé is fearr,
10   mithigh leam a chur i gcéill:
mun bhfuil furtacht damh i ndán,
      faghaim go luath an bás féin.

An bás féin dá dtuga dhúinn,
      mo chur i n-úir do bheinn réidh,
15 ós mo chionn dá sgríobhadh sí:
      'Ag so an tí do mharbh mé.'

I gcrích Alban ar bheith séimh
      is ann thoghaim féin mo chur,
mar a luighfeadh sí ar mo leacht,
20   's mar a mbiadh sí ar m'fheart ag gul.

I ndóigh go dteagmhadh‡ damh‡ dul
    's go ligeadh‡ sí ar‡ gcur i gcré,
deifrigh ort is beir mo sgéal;
    bí ag imtheacht go géar, is gluais.

28

Aoibhinn duit, a dhuine dhoill!
saoth liom gan t'aineamh orainn;
    do b'fhearr tocht fám radharc ruinn;
    socht óm amharc ní fhaghaim.

5   Dá n-iarrainn, níor bh'fheirrde dhamh,—
bheith slán dá héis ní iarrabh;
    mairg dár cinneadh, a Dhé dhil,
    silleadh an té rom-theimhligh.

Tárfás damh, ní dheachaidh leam,
10   inghean ro b'iongnadh inneall;
    troigh sheangfhaobhrach do mhear mé,
    gearrshaoghlach fear a feithmhe!

Ní i ndóigh nách muirfeadh mé,—
truagh nách tig aoinfheacht oile
15   (ní do tharbha dhí ná dhamh)
    ón adhbha i mbí do bhunadh.

Ruisg nách mairbhe meise féin,
glór meirbh nách mairbhe iaidséin,
    na hiolfhaobhair ler mharbh mé,
20   arm ionaonaigh, dom aithne.

Aithreach damh (ní doiligh linn!),
meisde mh'óidh agus mh'inntinn,
ar dtonn bháite, ar n-adhart olc,
an radharc cráite ad-chonnarc.

25 Mairg don mharbhthóir do mharbh mé,
leis nách truagh mar tú tríthe
im throich bhí a haithle mh'anma;
ro shní mh'aithne is mh'urlabhra.

29

Is aoibhinn duit, a dhuine dhuill,
    nách faiceann puinn de na mnáibh;
och! dá bhfaicfeá a bhfaiceann sinn,
    do bheifeá tinn mar táim.

5 Is trua, a Dhia, nách dall do bhíos
    sul do chínn a cúl casta,
a corp sneachta slisgheal saor;
    och! is saoth liom mo bheatha.

Daoine dalla ba trua lium
10   gur fhás mo ghuais tar phúir cháich;
tugas mo thrua, cé trua, ar thnúth;
    i lúib na lúb ag lúib a-táim.

Is mairg riamh do chonnairc í,
    's is mairg nách faiceann í gach lá;
15 is mairg ar a bhfuil snaidhm dá searc,
    's is mairg sgaoilte as a-tá.

Is mairg do théid dá fios,
      is mairg nách fuil dá fios do ghnáth;
is mairg duine bhíodh 'na haice,
      's is mairg nách 'na haice tá.

—*Uilliam Ruadh.*

30

Och! och! a Mhuire bhúidh,
      a Bhuime Dé,
tugas grádh m'anma do mhnaoi
      ler marbhadh mé.

5   Atá an toil, a Mhuire mhór,
      'na tuile thréin;
do mharbh sin do láthair mé,
      a Mháthair Dé.

Tugas grádh m'anma do mhnaoi,
10   ach! a Dhé,
's ní ráinig liom a innsin dí
      gur milleadh mé.

Grádh dá geilchígh is gile gné,
      mar lile ar lí,
15   's dá folt dualach druimneach dlúth
      is ualach dí.

Grádh dá gealghnúis chriostail mar rós,
      nár chiontaigh re haon,
's dá dhá gealghlaic leabhra lúith
20   ler mealladh‡ mé.

Rug a haolchorp sleamhain slán
    mo mheabhair uaim;
milseacht a gotha 's a glóir,
    mé im othar uaidh.

25   Atáim 'na diaidh, ochán, och!
    im bhochtán bhocht;
truagh gan an sluagh-sa ar mo leacht
    ag cruachadh cloch.

Truagh gan bráithre ag mianán orm
30   re siansán salm,
ó tharla mé, a Mhuire mheirbh,
    im dhuine mharbh.

Amhrán a béil, bile mar rós,
    milis mar thúis,
35   do chuir mé ar buile báis,—
    cá cruinne cúis?

A ógh ler cheanglas mo chruth,
    do cheanglais mo chorp;
féach do réir chéille agus chirt
40   ar n-éiric ort.

Fóir mé, ós féidir leat,
    a ghéag gan locht;
fóir mé le comhrádh do chuirp,
    ochán, och!
      —Domhnall Mac Carthaigh (an chéad Iarla).

31

Atá grádh nách admhaim oirn,
    grádh mná nách abraim a hainm,
do troigh ghealúir, don mhín mheirbh
    don deilbh shídh, don mhearshúil mhairbh.

5   Eala mhálla go néimh naoi
    do bhláth† bhréige† an bheatha cé,
corp seang is soineanta lí,
    doimheallta í, is do mheall mé.

Ní truaighe, ní truime páis
10   mar smuainim uirre tre fhís;
uch! mon-uar sinn bocht dá héis,
    corp mar ghéis is gruadh mar ghrís.

Gnúis déadbhán is dile liom,
    mo chéadghrádh cridhe im chom,
15   rosg glas gan cháidhe 'na chionn,
    is fionn bráighe, bas is bonn.

Ionmhain tagra milis mall
    cantar san inis is fhearr;
ionmhain leaba chíoghbhán chorr,
20   míonchlár trom ⊰is⊱ seada seang.

Ríoghan‡ ghrianda iomshlán óg,
    biad-sa dá hiomrádh go héag,
cúl fionnbhuidhe, folt na lúb,
    a locht súd siobhlaighe a séad.

25   Ciall mo mhillte is lia 's is lia
            i mbriathraibh milse na mná;
     *a gruaidh shíodh tré choir crú
            dom ghoin a-nú tríom a-tá.
                    —Tadhg (mac Diarmada) Ó Dálaigh.

32

     A bhean na gcíoch gcórrsholas,
            noch do chonnarc ó chianaibh,
     mo bheith ag coill th'óghachta
            badh aoibhne leam 'ná iarlacht.

5   Mairg do nocht im ghoire-se
            th'ucht is do chíocha corra;
     mó do threaghd mo chroidhe-se
            mar do fhéachamar ortha.

     A Dhé, is beag dom dhonas-sa
10   i measg an tighe uile
     féachain ar th'ucht solas-sa
            ré ndul dom leabaidh luighe.

     Níor chollas uair d'éanoíche,
            ó tharla mh'aire ar th'fhéachain,
15   gan osna nó éagcaoine
            fád cheann-sa, a dhreach dhéadla.

     Mé d'fhéachain ar th'aolucht-sa—
            truagh nár dalladh mé ruimhe;
     mór do ghearr dom shaoghal-sa
20   féachain an ochta gil-se.

Ní tug cú dá céadchuaine,
   ná lacha do linn uisge,
ná bean d'fhear -ζna h-éanuaire
   oiread mo ghrádha dhuitse.

25   Bím le hiomad t'ionmhaine
      ag tuile bhróin dom báthadh;
mh'fhortacht, a chúl fionnbhuidhe,
   ní thiocfa do shíol Ádhaimh.

Mar bhím gan do radharc-sa,
30   ní fhuilngim bheith it éagmhais;
bheith trian uaire it amharc-sa
   ní fhéadaim, a shaor shéaghain.

Mo chroidhe do roghortaigh
      méad mo ghráidh dod dhreich gcoimhthe
35   dóthain phrionnsa d'osnadhaigh
      do-géabhthar uaim gach n-oidhche.

Bím ag iarraidh uaigneasa
      mar fhortacht mór dom aigneadh;
do bheith ort ag smuainteaghadh
40   ní fhéadaim cách do chaidreamh.

Ní chreidim uaidh aonluighe,
   gé madh eólach é ortsa,
damh dá ndearbhadh aonduine
   nách tú is áille san domhan.

45   Ni chreidfinn ó phríomhfháidhibh
      go dtáinig do shíol Ádhaimh
aonainnir ba fíoráille
   ná thusa, a throigh bhántais.

Go ríomhthar na réaltana,
50   nó drúcht ar féar faichthe,
trian mo ghrádha éagmhaise
go brách ní fhéadfainn d'aithris.

Snámh i n-aghaidh tréantuile,
      nó is cur gaid um ghainimh,
55   cur rem leigheas d'éanduine
ón toil don mhnaoi do radas.

Nách nár don mhnaoi shéaghain-se
      bheith dom mhealladh gan adhbhar
's nár mheallas féin éanduine
60   do mhnáibh ná d'fhearaibh talmhan.

Mar táim d'éis a grádhaighthe,
      uaidh muna fhaghar fortacht,
deimhin damh go háirithe
      go dtiocfa dhe mo dhochar.

65 Coll is nion go nuaghloine,
      is dá choll ar n-a gceangal,
ruis is coll go cruadhshnoighthe,
      ainm na mná so dom mhealladh.

Gibé bhias re síorthuigse,
70   atá an sloinneadh re leanmhain
mar ainm ar shruth fhíoruisge
      thiar isan Mumhain meadhraigh.

Bean do-ní mo dhochar-sa
      ó nách lamhaim a guidhe,
75   mé d'fhortacht ón rothoil-se
      sirim ar Oighre Muire.

33

Ar mbeannacht mar dhlighim dheit,
    a bhean-úd do-bher ar mbás,
uch! is cuma lcat cé dhíbh,
    mo bheith-si tinn tríbh nó slán.

5   Bheith dhuit rem shaoghal i bpén
        beag an tarbha 'na dtéd dún;
gach a dtugas duit do ghrádh
    is dérc i soitheach lán súd.

Ní dhlighim do rádh acht fíor,
10   ag sin ag cách críoch mo sgéal;
ní chuirfinn i gcás ar n-olc
    dá ngabhthá uaim ar ndol d'éag.

Do chabhair ní bheanfam chéll,
    gidh doirbh bheith i bpén do ghnáth;
15 anaidh fear sona le séan,
    saoilim mo dhol d'éag dod ghrádh.

A bhfuilid ann thoir is tiar,
    ar son gur damnadh iad lat,
gach a ndeachaidh d'éag dod ghrádh,
20   fuaradar uile bás glan.

A ndeachaidh don tsaoghal róibh
    ionann dóibh is bheith go maith;
ní fhuilid agaibh i bpén,
    daoine sona an mhéd nách mair!

34

A dhuine chollas go sáimh,
  ní hionann dáil damhsa is duit;
is lór dhíbh bhar méad do rígh,
  ní tharla an grádh ar tí h'uilc.

5 Mór na tiodhlaicthe fuair tú,
    do damnaigheadh don tnúth inn;
ní comhairleach ort an grádh,
    ní hionann is mar tá rinn.

Do rinne Dia grása ort,—
10   ní tusa an bocht lán do phén,
ní chluinim h'osnadh ná h'uch,
    níor thrég tusa do chruth fén.

Fá-ríor! ní hionann 's ar nós,
    (breth a bhuidhe ní mór dhuit!)
15 ní heagail ribh gan dul d'éag,
    ní hionann is méad ar n-uilc.

Peannaid shíordhaidhe mo ghlóir,
    mallacht sinsir do chóidh fúinn;
fada go gcredfinn ón bhás
20   go bhfuil oidhidh i ndán dúinn.

Beag dom dhonas nár mhúin mé
    gach a gcuala i bpén ón ghrádh;
do shaoil mise nách beinn leamh,
    's do-rinneadh leam fear-mar-chách.

25   Gidh mór an truaighe mar tám,
        ná caoineadh cách méad mo phian;
cead leam ar chlaochló dom chruth,—
        maith is neasa don ulc riamh.

Do dhealaigh rium éag go bráth;
30   dár mbeth slán do cuireadh súil;
mé gach éanlá i dtós mo phian,
        míle bliadhan gach dia dhúin.

Ní críonna na daoine-se lán do chéll
Re saoiltear nách ríoghacht mar tám i bpén;
35 An chnaoi-bheatha a mbím-se is do ghrásaibh Dé;
Ní haoibhneas ní ar bith ach bás gan éag!

35

Do cuireadh bréag ar an mbás,
        ní mar deirthear a-tá a ghoimh;
díol a loisgthe lucht na mbréag;
        mairg do chreidfeadh a sgéal soin.

5   A tharbha dá dtuigeadh neach,
        a urghráin is beag an cás;
fa-ríor is amadán bocht
        do-gheabhadh locht ar an mbás.

Éagóir adubhradh ris riamh;
10   an lá is measa bhias do chách,
dar ndóigh, a dhuine gan chéill,
        is cairdeamhla é ná an grádh.

Ní hionann sibh agus sinn;
    mór an sólás linn a pháis,
15 's ní mó ná duine san chéad
    agá bhfuil fios sgéal an ghráidh.

Is duine rer dhiúlt an bás
    nách biadh, mar tám, ina dheóidh;
ní bhfuil amadán fón ghréin
20   do shecheónfadh é dá dheóin.

Gidh beag riomsa fad mo ré,
    badh mór i bhflaitheas Dé a luach;
gearr bhíos Dia ag déanamh grás;
    do-gheabha mé bás go luath.

25 Iomdha sgéal is mó na sionn
    do-chím beó i ngioll re grás;
éag go hobann níor bh'fhiú mé,
    muna bhfaghainn déirc ón mbás.

Gach fuath tugas don ghrádh,
30   mo chion don bhás isé tug;
táinic cantaire don chill,
    's do rinne sé binn don chlug.

Ni guth dhamhsa luighe faoi,
    's ní clú dhósan mar chlaoidh mé;
35 mór an t-iongnadh leis an ngrádh
    gan dul aige ar an mbás féin.

Déanadh a dhíthcheall dó féin;
    gearr choingeóbhas mé 'na líon;
eadamar, dá bhfagham bás,
40   cuirfe mise mo chás díom.

Níor pheannaid acht bheith im chruth,
    mise i bpríosún gur chuir sé;
's nár léig eadram is an grádh,
    maith is iontaoibh an bás féin.

45   Gidh truagh a mhoille do ghluais,
    táinic sé an uair is fearr;
mo-chion don teachtaire mná
    do chuir an bás ar mo cheann.

Tuigfidhear as ainm na mná,
50   gibé 'gá mbia a grádh nó a fuath,
iomdha 'na servís dom shórt;
    mór fhuirgheas dá slógh gan buadh.

Ní ghabhann sé ceart ná cóir,
    *an grádh dona, ní dóigh a ghrás,
55   's ní lór leis an duine d'éag;
    do cuireadh bréag ar an mbás.

36

Fada ag seargadh sionn;
    do cealgadh mo chom;
lile mná rom-meall;
    mo chridhe a-tá trom.

5   Do ghad mh'anam uaim,
    mo radharc, mo réim,
mo neart, mo léim lúidh,
    sgéimh mo dhearc lem ⟨dhéir⟩.

Mo luas ar leirg cnuic,
10   mo sheinm ar chruit cheóil,
rugais mar-aon uaim;
        claon tugais mo threóir.

Mo chuimhne, mo chiall,
        uaim, a chiabh na gclann,
15 do ghruadh dhonn, do dhéad,
        is dual na gcéad gcam.

A chneas solas saor,
        a fholt claon gan chádh,
do mheath mon-uar ionn
20   bheith i ngioll red ghrádh.

Uchán t'fhaicsin damh,
        a chruth glan gan ghnás;
fá dhó, a dhreach mar rós,
        ‡mó ná ar mbeatha ar ‹mbás›.

25 Ainm an tí dhá dtám
        ar bárr caisleáin chloch,
's na cuacha is caomh cruth,
        is daor uatha ar n-och.

Muire Máthair Dhé,
30   cara léir nách lag,
sionn 'na dún gan drud,
        an múr is fionn fad.

37

Mairg dhúinn dar dhán,
    a chúl na dtáth bhfiar,
ribhse cur ar gcúil,
    a rosg lúithleasg liath.

5   Tug sé bíoga an bháis
    tríom ar bhfás go géar,
dealú ribh fa dheóidh,
    a chuisle ceóil mo chléibh.

A bhos bhronntach bhán,
10   a ghnúis fháilteach fhial,
aithreach liom mo shiúl,
    a mhionn súl na gcliar.

Gan mé 'ot fhaicsin riamh,
    a chúl na gciabh gcas,
15 do-bhéarainn do bhuaibh
    a bhfuil tuaidh is teas.

Truagh an toisg mo theacht
    go beacht ar bith cé,
20 chum mo churtha i n-úir;
    dursan dúinn, a Dhé.

Caoinfead géin bhead beó,
    sgaoilfead ceó dom chás,
mé féin do dhul d'éag,
    ós bun mé don bhás.

25 Ós tú mé do ghoin,
    leasaigh lot do lámh;
nó t'fhaicsin, a bhé bhúidh,
    's mairg dhúinn dar dhán.

Mairg dár dhán, a ghárla an chas-chúil fhinn,
30 Damh t'fhaicsin rem lá 's tu d'fhás i n-easûl rinn,
Is m'anam noch thárla ar lár do thais-úr-chuim I
bpeannaid dá chátha ag grá 's nár ghabh tú id chroí.

38

Soraidh slán don oidhche a-réir,
    fada géar‡ ag dul ar gcúl;
    dá ndáiltí mo chur i gcroich,
    is truagh nách í a-nocht a tús.

5 Atáid dias is tigh-se a-nocht
    ar nách ceileann rosg a rún;
gion go bhfuilid béal ré béal,
    is géar géar silleadh a súl.

†Tocht an ní chuireas an chiall
10   ar shilleadh siúbhlach† na súl;
cá feirrde an tocht do-ní an béal
    sgéal do-ní an rosg ar a rún?

Uch, ní léigid lucht na mbréag
    smid tar mo bhéal, a rosg mall;
15 tuig an ní-se adeir mo shúil,
    agus tú insan chúil úd thall:

52

"Cuinnibh dhúinn an oidhche a-nocht,
    truagh gan sinn mar so go brách;
ná léig an mhaidean is-teach,
    éirigh 's cuir a-mach an lá!"

Uch, a Mhuire, a bhuime sheang,
    ós tú is ceann ar gach cléir,
tárthaigh agus gabh mo lámh,—
    soraidh slán don oidhche a-réir!
        —*Niall Mór Mac Muireadhaigh.*

39

An gcluine mé, a mhacaoimh mná?
cuir do chomhrádh ar athlá;
    a fholt géagglan buidhe búidh,
    duine éadmhar ní hionrúin.

Léig dod chomhrádh, seachain sinn,
an go fóill, féach id thimchill;
    sguir dhín, ná tarr dár dtadhall,
    bídh am ag an uraghall.

Beag an fáth fá bhfaghthar guth,
seachain tú! ná tuill t'ionnlach;
    im aice ná suidh mar soin,—
    an bhfaice a bhfuil dár bhféachain?

Druid siar! ná suidh im fharradh;
atáid cách, ad-chualamar,
    a chiabh nocht na bhfoighéag bhfionn,
    i gcoimhéad ort ós íseall.

Ní fhuil ar breith dhuit ná dhamh
(a Mhuire! is mór an t-amhghar)
   gidh beag, cor do láimhe im láimh;
20   mo náire a dhol dod dhíoghbháil.

O nách bhfuil dod dhreich dhealbhaigh
cead suirghe ná sibheanraidh,
   truagh, agus Ére ar h'aghaidh,
   an céle rer cheanglabhair.

25   Mise gach laoi id leanmhain,
tusa gan chead gceileabhraidh;
   a chúl druimneach do mhill mé,
   sinn i gcuibhreach re chéle.

Fada liom, ní lugha lat,
30   gan cead uraghaill agat;
   a fholt fiar ina bhfoil fad,
   ní bhiam mar soin acht sealad.

Congaibh bhós do bhéal 'na thocht,
gearr, thrá, go bhfuigheam furtacht;
35   ó taoi i láimh ná labhair linn,
   anaidh mar tháidh id thoirrchim

Re feadh an laoi ná labhair;
bí go banda banamhail;
   fuilngidh in bhar dtost is-tigh,
40   cuibhrigh do rosg a-réigin.

40

Truagh mo dháil le deich laithibh,
mise is ise i n-éanchaithir
    gan cead amhairc a gruadh ngeal
    ná ⊰a⊱ radhairc uam ós iseal.

5   Ní raibh ar breith dhi ná dhamh
labhairt re chéile i gcogar
    gan cách oile d'aithne ar locht,
    ná aighthe ar-oile d'amharc.

Ní fhéadmaois dá heagla féin
10   dul i ngar dá gnúis shoiléir;
    gion go bhféadmais teacht don tigh,
    teacht 'na héagmhais níor bh'fhéidir.

Do bhí d'iomad na hannsa,
's do bhí d'uamhan oramsa,
15   mo chóig céadfadha do cheilt
    don bhéaltana óig oirdheirc.

Níor léig sí gáire ná gul
ná colladh dhamh ná dúsgadh;
    socht ná labhradh níor lamhas;
20   bocht amhghar an t-amharas.

Mo mhallacht lé! níor léig damh
tógbháil mo chinn ná a chromadh,
    rún mo chroidhe dá cneas seang,
    ná meas an toighe timcheall.

25 Uch! nár mhaithe Dia dhise
bheith ag crádh mo chroidhe-se;
  ná tí le a corp creach mo bhall,
  's ná deach i n-olc dá hanam.

Gruaidh mar chorcair, cneas mar bhláth,
30 uch, is aoibhinn don óglách
  nár fhéagh an eala niamhdha,
  béal meala is maillbhriathra.

41

Féach féin an obair-se, a Aodh,
a mhic Bhriain, a bhláth fionnchraobh,
  a ghéag amhra is uaisle d'fhás,
  san uair-se tharla ar Thomás.

5 Luathaigh ort, ainic mise,
má tá tú ler dtairise;
  ag so síodhruire bruaigh Bhreagh
  uaibh dom fhíorghuidhe ós íseal.

A mhic Bhriain, a bhrath mh'éigse,
10 más díth leat mo leithéid-se,
  dom chabhair, a chaomhshlat ghráidh,
  labhair le saormhac Siúrtáin.

Innis dó, re gcur 'na cheann,
nách mór dhóibh, d'éigsibh Éireann,
15 mar ghné sheise ó chraoibh Charadh
  meise dhaoibh do dheónaghadh.

Ar mo thí an tan-sa ó tharla
mealltóir an uird ealadhna,
    bíodh go ngeallfadh sé mar soin,
20   nách meallfadh mé ná measaidh.

Da meastá, ní meastar liom,
gadaighe fhileadh Éireann,
    béidleómhan do thuair mo thoil,
    nách éigneóbhadh uaim mh'aontaidh.

25 Dá mealltaoi ar aoi n-annsa
na háith, a Aodh, oramsa
    le brath soibheart cuaine Cuinn,
    toidheacht uaidhe ní fhéadaim.

Minic tig ar thí ar mbréagtha
30 Tomás i dtlacht uaithbhéalta,
    do cheilt ar saoireachtra sunn,
    i mbeirt dhraoidheachta im dhóchum.

Minic tig athaidh oile
rem ais d'eitill sheabhcaidhe
35   i measg cáigh d'fhuadach mh'annsa
    'na ghruagach cháidh chugamsa.

Mar mhnaoi tháidhe i dtuighin fir
minic tig sé dár soighin
    le briocht druadh, le diamhair ndán
40   dom iarraidh uam ar éaládh.

Tig i ndeilbh dhaonna dhuine,
tig fós i bhfoirm síodhaighe,
    tig uair i n-ionnas taidhbhse;
    cionnas uaidh do anfainn-se?

45   I gcéin ar chogadh clann Néill
      gluaistear leis, cuid dom chaithréim;
          sínidh ar óigh dhearbhtha dhe
          i ndóigh go meallfa mise.

      It éagosg-sa, a Aodh Uí Ruairc,
50   minic tig sunn ar saorchuairt,
          draig ciúntláith ór doilghe dol,
          oighre Siúrtáin dár siabhradh.

      Tig dá theacht 'na Thomás féin
      mo chur seocham ar saoibhchéill,
55   nó gur sguch mh'annsa dhá halt;
          damhsa ní guth a ghluasacht.

      Muna bhfuil intleacht éigin
      agaibh d'fhurtacht mh'fhoiréigin,
          a sheise, a sheangadh ar ngráidh,
60   do mealladh meise, a mhacáimh.

      M'iomlat eadraibh níor fhéad sinn:
      do shearc-sa, a Aodh, im intinn
          ar aoi gur hiarnadh 'na sás,
          dom shiabhradh a-taoi, a Thomás.

65   Da mbeith sochar ruibh a rádh,
      coisg dhínn, a dheighmhic Siúrtáin,
          a rún cháigh gan chlaon n-irse,
          ná cráidh Aodh fám aithghin-se.

      A Thomáis, a thocht meanmnach,
70   a bhráighe ghill Ghoisdealbhach,
          sguir dhín, ní fheallabh ar mh'fhior,
          sín ar mhealladh na maighdean.

Ní hionann mé is mná málla
mhealltaoi, a óig andána;
75 mo shiabhradh ní dáigh dhuibhse,
  a ghrianghal sháimh shamhraidh-se.

Ná creid cách, ní meirdreach mé;
óg fuaras fios mo chéile;
  fada ó tharla Aodh ormsa;
80 th'fhabhra ná claon chugamsa.

Bhar bhfé fia ní feirrde dhuit,
aithnim thú d'aimhdheóin h'iomlait;
  a bhradaire, ná mill mé;
  fill, a ghadaighe an gháire.

85 Cosg th'álghais uaim ní bhfuighe,
a bhraidín, a bhréagaire;
  let uaisle ná mearaigh mé;
  buail-se um cheanaibh gach críche.

A shaoirmhic Shiúrtáin bhuidhe,
90 a bhláth coilleadh cumhraidhe,
  ar ghaol, ar chrodh ná ar choimse
  dol ó Aodh ní fhéadaim-se.

Ar n-aonta ó nách uair tusa,
crom ar do cheird dúthchasa;
95 móraigh brígh an Chraoi-se Cuinn,
  a Naoise ó nír ar fhoghlaim.

A Mhanannáin múir Logha,
a Aonghais an fhionnBhrogha,
  a Shioghmhaill na gceard gcuimse,
100 a Fhionnbhairr chealg gcogair-se.

A eagna Chormaic uí Chuinn,
a fháithchiall oighre Cumhaill,
    a sheinm cor, a cheard Guaire,
    a fhearg Con na Craobhruaidhe.

105 A thuairgnidh coitcheann catha,
a mhéadaightheóir mórratha,
    a linn na n-uile n-ana,
    a chinn uidhe an eangnamha.

A chrann seasmhach seóil troide,
110 a rún díobhaidh dochraide,
    a bhrúcht buinne, a bheadhg nimhe,
    a fhearg tuinne tairpighe.

A theanchair ghríosaighe an ghráidh,
a ghlór le mbréagthar bandáil,
115   a phost gáidh cagaidh d'íbh Cuinn,
    má táim agaibh, ní admhaim.

A Thomáis, d'aithle mh'ionnlaigh,
a chuingidh chrú Choisdealbhaigh,
    atá ar gcridhe dhá rádh rinn,
120   do ghrádh d'ibhe, dhá n-ibhinn.

Mo bheannacht leat óm lántoil,
a dheaghua dil Dubháltaigh;
    a bhúidh bharrghloin, ná bréag mé,
    ná damnaigh d'éad ar nAoidhne.

125 Sgarthain libh gidh tuar tuirse,
ag so Aodh dom fhéachain-se;
    luathaigh thoram (truagh an airc!),
    mo-nuar, oram ná hamhairc.

42

Ná bí dom bhuaidhreadh, a bhean,
    ar ghrádh th'einigh ná lean díom;
madh fada, madh gearr mo ré,
    ná buaidhir mé tre bhith síor.

5   Iarraim féin d'athchuinghe ort,
    a ghnúis éadrocht na bhfolt bhfionn,
ná bí dom bhuaidhreadh níos sia,
    gibé hionadh i mbia sionn.

Níor chaitheas oidhche ná lá,
10   gidh fada gearr a-tám sunn,
a throigh chéimleasg, a chúl claon,
    nách beitheá-sa mar-aon rum.

Im cholladh, a ghruaidh mar ghrís,
    ná tara tre fhís dom fhios;
15   im dhúsacht, a shéaghain shuairc,
    ná tarr dom bhuain as mo riocht.

Gidh deacair damh a rádh ribh,
    ná faiceam sibh, ná mill mé;
ó nách bhféadaim dul ón mbás
20   ná tarr eadram is grádh Dé.

M'éanghrádh ⊰thú⊱ don uile dhúil,
    a shlat cheannsa do mhúin Dia;
⊰is⊱ mairg dhuitse do mharbh mé,
    's nár mharbhas féin duine riamh.

25 Mo thruaighe níor chumaoin duit,
        *a ghéag mhíolla an ruisg ghloin;
    dá mbeitheá gan chéill mar tú,
        cian go muirfinn thú mar soin.

    Nochan fheadar créad do-ghéan,
30   do shearg mé do bhéal mar chaoir;
    mo bheannacht ort, as ucht Dé
        ná buaidhir mé, gabh rem thaoibh.

    A bhéal cumhra, a chneas mar bhláth,
        iomdha duine a-tá ar do thí:
35 im dhiaidh tar an uile fhear,
        a rún mh'anma, a bhean, ná bí.

43

    Truagh giorra na hoidhche a-réir!
        dar liom féin do chonnairc sionn
    taidhbhse mná nach bhfacas riamh
        táinic ó Shliabh na mBan bhFionn.

5   I n-aonoidhche dhamh im shuan
        truagh nár chaitheas fad mo ré,
    sul do bheireadh uaim an lá
        néal na mná do chonnairc mé.

    Truagh nach é colladh Mo-chaoi,
10   gan faicsin an laoi go bráth,
    mo cholladh san oidhche a-réir
        'na bhfaca mé néal na mná.

A mbí idir umha is ór,
    idir reullainn fós is grian,
15 atá idir í is gach bean
    dá gcuala mé do theacht riamh.

Gach bean dár cuireadh i gclí
    ni hionann cré dhí agus dóibh,
ní hionann cruth fós ná dealbh,
20   's ní mó is ionann ceard do róin.

Taidhbhse ar a nós dar chum Dia
    ní raibh, is ní bhia go bráth,
acht madh aingeal d'ainglibh Dé,
    dá gcuireadh sé i riocht mná.

25 Iongna a rádh go mairfinn féin
    ón taidhbhse a-réir tárfás dúinn;
bean mar í do thógbháil cinn
    ní chualaidh neach, nior shill súil.

Toirse is an tinne dá díth,
30   ainm na mná le bhfríth mo rún;
ní thiocfaidh uirthi acht mar sin,
    is cuirthear libh ruis 'na thús.

A Dhia is maith d'aithin sinn,
    ar son nár bh'áil linn a luadh,
35 an bhean-soin rom-chuir i sníomh;
    a faicsin, fa-ríor, is truagh!

44

Aisling thruagh do mhear mise,
fa-deara an suan síthe-se;
    amhra do chailg mo chridhe,
    mairg re dtarla ar dtaibhse-ne!

5 Ní thig liom musgladh go moch,
ar shuan ní fhaghaim árach,
    mo thruaighe nár hobadh inn,
    codal uaire ní fhéadaim.

Ochán! truagh nách tig mh'annsa
10 i dtaibhse ar cuairt chugamsa,
    an ghnúis tsoidhealbhdha, an ghruadh ghlan,
    gidh tuar doimheanmna a deallradh.

Ní chreidim, ní chreidfe mé,
a teacht go bráth na breithe
15   im radharc a-rís, dar linn,
    im amharc d'fhís ná d'aisling.
      —*Domhnall Mac Carthaigh* (*an chéad Iarla*).

45

Woe

Mairg darab galar an grádh!
duine dá éis ní hiomlán;
    ní bhí an croidhe slán mar soin
    's gan grádh oile 'na aghaidh.

Do chonnairc mé, misde dhamh,
ríoghan chruthach trem chodladh;
   ag so an codladh do chailg mé;
   mairg dár togbhadh an taidhbhse.

Do shíneamar taobh ar thaobh,
mise is an ainnear fholtchaomh;
   mo dhara lámh tairsi thall,
   is lámh na taidhbhse toram.

An ainnear is áille corp
ós trem chodladh do chonnarc,
   ‑‹uch›‑ gan sinne ar suan choidhche
   truagh girre na geamhoidhche!

Badh cumhain liom a labhra
choidhche d' éis a hagallmha;
   *sruth is milse ná mil
   guth a cinn-se do chluinsin.

Cuid is deirge dá gruaidh ghloin
le goradh ceardcha is cosmhail;
   gnúis is baillghile ná bán,
   mar thúis ainglidhe a hanál.

Dar lat ar mhéad a maise,
ag déachain a deilbhe-se,
   isí an ghrian ghairthe ar ghile
   niamh aighthe na hinghine.

46

Ní taobhtha dhamhsa riom féin,
    ní mise mé i gcáil san mbioth;
go bhfionna mé créad ar gcor
    ní mholaim d'aon dol ar m'iocht.

5 Creideadh nó ná creideadh cách,
        go dtí an bráth ní chreidfe mé
nár chaith mise treall i n-uaigh,—
        foirceadal uaim oram féin.

Ní fhidir mé—gá dtám ris?—
10   an mé an t-anam tig anall,
an beó mé nó an bhfuaras bás,
        nó an mise féin a-tá ann.

Bheith don tsaoghal ar mo bhreith
        cuma nó bheith ar an déirc;
15 ní háil liom beatha ná bás,
        ogal duine mar tá mé.

Uch, fa-ríor! dá gcluineadh cách
        (ró sonais ní gnáth gan tnúth)
an chúis fá bhfuilim i bpéin,
20   d'fhóirfeadh sinne dá mbéim súl.

Fada ó tháinic ceann mo ré;
        ní duine mé ren cóir súil;
soraidh linn, fuarsam ar gcead,
        tug an saoghal a sheal dúinn.

25   Gé atáim-se gan dul ón mbás
      im spioraid mhairbh, lán do phéin,
ní shaoilim neach ós mo chionn;
      ní bhfuil mo thnúth acht liom féin.

Aon do chéad thuigeas mar tám;
30   bheith im ghalar ní gnáth leó;
do choideóladh sé ar mo chneidh
      gibé adéaradh mo bheith beó.

An bhean-sa rom-chuir i sníomh,
      d'fhéadfadh Críost a theacht go maith;
35   fearr fá mhaitheamh anma an bás,
      teist an domhain ó chách air.

Eadamar ní bhfuighe an bocht
      an phian a-bhos agus tall;
beannacht dise do mharbh mé,
40   is í sin an déirc 'na ham.

Nách deachaidh mé d'éag 'na thráth,
      dá saoileadh cách go leamh é,
ní fhuil acht sgéal bun-os-cionn:
      ní taobhtha dhamhsa riom féin.

47

Ní mé bhar n-aithne, a aos gráidh,
ná sginnidh le sgáth seachráin;
      fuar dár seise im ionad ionn,
      spiorad mheise nách maireann.

An dóigh libh, a lucht m'fhéaghtha,
nách taidhbhse i dtruaill aieurtha,
    nó spiorad anma fhallsa
    tarla im ionad agamsa?

A aithne is éidir damhsa
sibh gan fhiacha oramsa;
    dá mbeth cás fám éag oraibh,
    mo bhás créad nách gcualabhair?

Truagh sin, a dhaoine dona,
do chlaochló bhar gcéadfadha;
    iseadh tharla im ainm-se ann
    taidhbhse anma gan anam.

Ní mise an duine is dóich libh,
adhradh dhamh is díth creidimh;
    taidhbhse buile gan aird inn;
    a Mhuire! is mairg do mhillfinn.

Dá bhféachthaoi fir na cruinne,
annamh fuair dúil daonnaidhe
    dá ré ar an saoghal acht sinn;
    do naomhadh mé, má mhairim.

Gibé a-déaradh nách deachadh,
ní fhuil ann acht aimseachadh;
    ní tráth damhsa a rádha riom,
    cára almsa lem anam!

Creidim féin go bhfuaras bás,—
cumhain liom an lá theastás—
    ar son a mhéada mharas
    ag cor mh'éaga i n-amharas.

Ní hanbhuain, ní hiomlat mbáis
rom-mharbh-sa, acht meisge shóláis,
35 ní sgís meanma (gá mó broid?),
  ní ró teadhma ná treabhlaid.

Más dúil do dhúilibh nimhe
tug, le taibhreadh n-ainglidhe,
  goid m'anma gan iodhna báis,
40 iongna damhna mo dhóláis.

A radharc ó ráinig sinn,
och, a Chríost, créad fá mairfinn?
  dúil do mharbh an uile fhear,
  is duine marbh nách muirbhfeadh.

45 Ní tonn líonmhar leanna duibh,
ní neamhghrádh neith ar talmhain,
  ní hannsa duine—gá dtás?—
  rom-dall-sa uile acht uathbhás.

Ar n-éirghe as an riocht reimhe
50 (creididh sinn go símplidhe,
  do mharbh sé don uamhain inn),
  do chualaidh mé go mairim.

A héagosg ní fhidir mé,
ní fhéad súil silleadh uirthe;
55 a hamharc gion gur fhéad sinn,
  a radharc do fhéag mh'intinn.

Ós siabhradh meallta meise
gan súil éirghe ón aincis-se,
  nár fhaice súil éinfhir‡ í,
60 an dúil chéillidh‡ ad-chluintí.

Ar dtaithbheóadh suil tí dhi
Dia dár n-anacal uirthi;
    ní tharla cás roimhe rinn,
    an bás oile 'nar n-oirchill.

65 Ciall mh'anma an uair do mhaireas,
tearc eólach 'na amhaireas:
    sadh 'gá mbí ciall agus cruth
    iar, agus í gan fholach.
          —*Eochaidh Ó Heódhasa (?).*

48

Cia thú, a mhacaoimh mná?
    créad is fáth dod chuairt?
uch! is géar rom-chráidh,
    más triall do b'áil duit uaim.

5 Sídh Lir, searc gach súl,
    an í súd do threabh?
nó Sídh Buidhbh na mbuadh?
    uch, mo nuar! a bhean.

Nó Sídh Cnodhbha chorr,
10   bruidhean na gcolg ndéad?
nó Sídh chruithgheal Cairn?
    nó Sídh Sainbh na séad?

Ná ceil orm do rún,
    féach mar tú 'na ghioll;
15 más tú innis damh
    baincheann na mBan bhFionn.

Ní hiongnadh, a dhreach mhín,
  gibé chí do chruth,
baintsíodh riot do rádh,
  a ghnúis mar bhláth subh.

Ní dearg deirge an ghuail
  i ngar dod ghruaidh ghil;
do dhorchaigh gné an aoil
  bheith re taoibh do chnis.

A bhé shaoibhgheal shuairc,
  ná himthigh uainn fós;
grás ar dhuine leamh
  do rinne bean rót.

Mo bhruid-se an truagh lat?
  fogas damh an bás;
mairg nách admhann dún
  cia thú, a mhacaoimh mná!

49

Cridhe so dá ghoid uainne,—
  cá ní is truaighe for talmhain
ná duine i mbí dá anam
  do bheith tamall gan anmain?

Uaimse ag inghin an iarla
  truagh gan iasacht mo chroidhe,
go dtuigeadh féin nách bhféadar
  bréagadh croidhe i mbí toirse.

Cuirfead iomchar mo chroidhe
10 ar dhuine oile i-mbliadhna;
gidh eadh, dá gcleachta a iomchar,
  biaidh sí diomdhach don iasacht.

Biaidh sí tinn, biaidh sí corrach,
  biaidh sí gan chodladh choidhche,
15 biaidh sí ciamhair cumhach.
  biaidh sí dubhach gach n-oidhche.

Ní iarrfa adhbhar gáire,
  badh sáimhe lé bheith dubhach,
go sgara sí rem chroidhe
20 go bráth ní bhfoighe furtacht.

Uch! ní cothrom an roinn-se
  do-ní an toirrse, dar linne,—
croidhe nó dhó ag duine
  's duine oile gan chridhe!
    —*Maghnas Ó Domhnaill.*

50

Dar liom, is galar é an grádh,
  gion go bhfuil fedhm a rádh ris;
croidhe eile dlighim uaidh,
  an croidhe-se uaim do bhris.

5 Ós é féin is ciontach ris,
  an croidhe-se thig an grádh,
meisde liom loighead a uilc,
  acht nách bhfaghainn cuid dá chrádh.

Is truagh nách fuath thugas uaim,
10   is fuath d'fhagháil uaibh dá chionn;
grádh ó dhuine is mairg do-ghebh,
    's is romhairg do-bher, dar liom.
            —*Maghnas Ó Domhnaill.*

51

Mairg do-bheir grádh leatromach,
    is a thabhairt 'na thuile;
och! is cunnradh easbhadhach
    nách bí duine mar dhuine.

5   Tugas, géar chúis ghuasachtach,
    grádh nár bh'oircheas do thabhairt:
och, fa-ríor! ní fhuarasa,
    gé madh beag, fuath 'na aghaidh.

Oram rugadh d'éigeantas,—
10   measa leam a fhios agam!
anam nó dhó i n-éinphearsain,
    is corp oile gan anam.

Gibé atá ar tí m'anma-sa,
    deacraide dhó a bhuain asam,—
15   annamh fear mo mharbhtha-sa,
    i gcorp oile atá m'anam.

Truagh nách fuil a hanam-sa
    mar tá an t-anam-sa agam;
gidh é a hanam m'anam-sa,
20   ní hé m'anam-sa a hanam.

Truagh nách fuil an croithe-se
    mar tá ar gcroidhe-ne dhise;
gidh é a croidhe ar gcroidhe-ne,
    ní hé mo chroidhe a cridhe.

25   Truagh nách fuil an corpán-sa
    uirthi tar mhnáibh na Banbha,—
an stuaigh ríoghdha rosgmhálla,
    ós í atá ag iomchar m'anma.
            —*Maghnas Ó Domhnaill.*

52

Cridhe lán do smuaintighthibh
    tarla dhúinne ré n-imtheacht;
caidhe neach dá uaibhrighe
    ris nách sgar bean a intleacht?

5   Brón mar fhás na fíneamhna
    tarla oram re haimsir;
ní guth dhamhsa mímheanma
    tré a bhfaicthear dúinn do thaidhbhsibh.

Sgaradh eóin re fíoruisge,
10   nó is múchadh gréine gile,
mo sgaradh re sníomhthuirse
    tar éis mo chompáin chridhe.
            —*Maghnas Ó Domhnaill.*

53

Goirt anocht dereadh mo sgéal,—
    annamh tréan nách dteagthar ris;
is dearbh dá maireadh Dian Céacht
    nách leigheósadh créacht mo chnis.

5   Ar mo thuirse ní théid trágh,
    mar mhuir lán ós ceannaibh port;
a bhfuair mé do dhochar pian
    níor chás rium riamh gus a-nocht.

Tarla a dheimhin damh, fa-ríor!
10   gurb annamh fíon bhíos gan moirt;
is géar an fhobhairt é an brón,—
    dar liom féin is mó ná goirt.
        —*Maghnas Ó Domhnaill.*

54

Mairg darab galar an grádh,
    gibé fáth fá n-abraim é;
is deacair sgarthain re a pháirt;
    truagh an cás a bhfuilim féin.

5   An grádh-soin tugas gan fhios,
    ós é mo leas gan a luadh,
muna fhaghad furtacht tráth,
    biaidh mo bhláth go tana truagh.

An fear-soin dá dtugas grádh,
10   's nách féadaim a rádh ós aird,
dá gcuire sé mise i bpéin,
      go madh dó féin bhus céad mairg!
                —*Isibeul Ní Mhic Cailín*.

55

Innis dise, gibé mé,
      a theachtaire théid 'na ceann,
go bhfuil mise lán dá seirc,
      más ionann lé is bheith gan cheann.

5   Más ionann lé is bheith gan cheann,
      innis dise, dearbh gan chleith,
go bhfuil mise lán dá grádh,
      más ionann lé is bás dá breith.

Más ionann lé is bás dá breith
10   mise do bheith mar tá sinn,
cuireadh asam airgead ceann,
      cuireadh duine ar cheann mo chinn!

56

Mairg atá san mbeathaidh-se!
      furtacht uaithi ní fhuigheabh;
leath ná trian mo pheannaide
      ní fhéadann teanga a thuireamh.

5   Óm ghrádh don nua naoidheanta
     mo dháil cá dáil is deacra?
acht gidh olc an fhaoilbheatha,
     is measa go mór mo bheatha.

Gidh beag é dom ghalar-sa,
10   coimhthe re grís mo chneas-sa;
tig arís im fharradh-sa
     fuacht i ndeaghaidh an teasa.

Cuairt i measg an bhanchuire
     beag fhurtaigheas dom buaidhreadh;
15 cuid eile dom amhghaire,
     ní fearr théid damh an t-uaigneas.

An chúis fa dtám roidheacrach,
     gion go n-admhaim mun am-sa,
an croidhe duairc doibheartach
20   isé ro theagaisg dhamhsa.

Ón teidhm-se do tiocfaidhe
     dá mbeith an rosg gan radharc;
ní hé an croidhe is ciontaighe,
     acht an tsúil do-ní an t-amharc.

25 Ag diomdha go hinfheadhma
     ní bhiú ar an rosg fám róghrádh:
bheith umhal dá thighearna
     iseadh dhligheas gach óglách.

An croidhe go huilidhe
30   isé chongmhas gach aonlá
grádh tachartha is tuilidhe
     do bheith againn gan chlaochládh.

An ghnúis álainn ainglidhe
  do mhéadaigh adhbar m'osnaidh,
35 iongnadh go madh ainbhfine;
  ní deilbh dhaonna is cosmhail.

An folt dualach druimfhiar-sa,
  ós dó tugas mo chéidshearc,
dá bhfaghmais an tUilliam-sa,
40 ní chuirfeadh oirn ar n-éigean.

A ghrádh sgríobhtha im chridhe-se
  m'aigneadh gach laoi do lomairg;
mar tá mé dá innisin,
  is mairg é agus is romhairg.

57

Maith gach ní ón easurradh;
  do ghéabhainn ar son m'anma,
dá gcreiteá go ndeachamar
  dod ghrádh, a bhean ar marbhtha.

5 Mise tríot sna crothaibh-se,
  tríomsa ní cluintear h'acaoin:
gá dtám, isí ar gcosmhaile
  imirt bhodaigh is mhacaoimh.

Ní hí an mhargáil urusa
10 sealbh ar n-anma uaibh d'fhuasgladh;
bheith ar seilg do chunnartha
  is ceannach leabhair ó thuata.

A ghéag an fhuilt bhairrshlimthigh,
  acht gidh maith gach ní a-deirim,
gan éag duit dá dtairginn-se,
  is troid bhodaigh re ceithrinn.

Isé is críoch dár sgéalaibh-ne,
  a bhean do mharbh a marann,
ní rachainn dot fhéachain-se,
  dá mbeith mo chuid im anam.

Córaide dhamh neamhthuirse,
  gidh aibhseach méad ar bpudhair,
ón ruaig-se dá ndeachainn-se
  's mé an t-aon i n-aghaidh phubail.

Ní haithne dhamh éanduine
  nár cuireadh leat im chruth-sa;
a sheasamh ní fhéadfainn-se,
  ní fhuil ann acht maidhm tugtha.

Fágbhaim d'aithne acasan,
  a maireann d'fhuigheall madhma,
gan teacht choidhche id radharc-sa
  go ndéanaid leas a n-anma.

58

Fada ar gcothrom ó chéile,
  mise is mo chéile chumainn,—
mise go ndíoghrais uimpi,
  's gan í go suilbhir umainn.

5   Go dtréigfeadh mise ar shaibhreas
       níl ann acht ainbhfios céille,
    's nách tréigfinn mo bhean chumainn
       's a teacht chugainn 'na léine.

    Aici-se is ualach éadrom
10   a searc, is tréantrom oram,
    's nách déanann goimh dom ghalar,—
       ó chéile is fada ar gcothrom!

59

    Baoghal dí, lá an Bhreitheamhnais,
       díoghal Dé a los ar marbhtha;
    do choir chiontaigh neimhchiontaigh
       táinig dise goid mh'anma.

5   Bás duine do luathaghadh
       (cé tá duine dan sochar!)
    's a comharsa d'fhuathaghadh,—
       do rinne sí dhá dhochar.

    Nár ghrádhaigh a comharsain,
10   mar do fhágaibh Dia i dtalmhain,
    ní ar son mo dhochair-se,—
       measa liom é dhá hanmain.

    Anois am an aithreachais;
       meince ar gcuarta dá féachain,
15   iomarcaidh an aitheantais
       tarcaisne orm do mhéadaigh.

Ise lán dom neamhpháirt-se,
    mé dá toil gan taom gcéille,—
an leigheas 's an easláinte
20   atá i n-aghaidh a chéile.

Atá sise, ad-chualamair,
    re tochmhairc ar tí a ceangail;
fa-ríor nách eadh fuaramair
    sgéal do sgéalaibh an earraigh.

25 A fhir luighfeas aicise,
    mo chros a haithle ar marbhtha,
ar litir dot aibidil
    do-bhéarainn maitheas Banbha

60

Leatrom so, a inghean Úna:
sibhse slán (seól iomthnúdha),
    mise tinn ó theacht toraibh,—
    ní ceart rinn do rónabhair.

5 Ní hionann soin is bhar slios
'na bhfuil ionnfhuaire oircheas,—
    dom chneasghoin a-tám re treall,
    fál do theastaidh‡ im thimcheall.

Ní curtha i n-iongnadh oraibh
10 bás d'imirt ar mh'ionamhail,
    a ghéag dán crannghal crú Chais,
    is tú do mharbhadh Mhaghnais.

Anois is ísle an éigse,
ní fáth leóin mo leithéid-se;
15 do sgar creachMhaghnas Ó Caoimh
re magh gcleathbharrchas gCathaoir.

Aithreach duit a ndearnais air,
Mac Í Chaoimh dár chóir féachain;
  mór fá a cheann d'fholtanas ort,
20 a sheang ochtsholas éadrocht.

Atáid diomdhach dod dhreich ghloin
mná agus filidh Fhóid Fhionntain
  (díth is mó dár dhearbhais dáibh)
tré a ndearnais dó do dhíoghbháil.

25 Mac Í Chaoimh a-bhos gan bhrígh
uait, a Eisibéil Stívín,
  ‹is› mise tinn don taobh thall,—
ar-aon ní linn nách leatrom.

61

Aithreach damh mo dhíochoisge,—
  ní glic nách gabhann teagasg;
a bhean thug mo shníomhthuirse,
  maith do fhéadas do sheachna.

5 Ó nách raibh im chumasa
  uaim féin gan teacht dot fhaicsin,
is éagcóir nách dtugaise
  cead h'amhairc dhúinn i n-aisgidh.

Fa-ríor! isé an fuarastar
10   mionca ar dturas dot fhéachain;
má tá ann, ní fhuarasa
        áit is sona ná a chéle.

Acht gidh minic ránag-sa
        dot fhéachain—truagh an neimhchiall,—
15 dot tharbha ní thárrasa
        cuid ghiolla an eich don gheirrfhiadh.

Níor thógbhais dom fhéachain-se
        an rosg coinnleach mar chriostal;
níor ghuais damh nimh th'fhéachsana
20   dá madh tú Baisilioscus!

Díomsach dár mac samhlaine
        smuaineadh 'na intinn ortsa;
fa-ríor! atá an antuigse
        riamh i leanmhain na bochta.

25 Croidhe uaibhreach easumhal
        iomdha uaibh d'éis a leónaidh;
is éagcóir nár leanasa
        eisiomláir mhúinte an leómhain.

Cur mh'éaga-sa i n-aithghirre
30   maith liom a los mh'anma;
dá bhfaghainn ré n-aithrighe,
        mar sin badh dócha ar ndamna.

Mise uaid go haithmhéalach
        fa-rior! ní himirt Domhnaigh;
35 dar leat, ní mé an maiccléireach
        do bhean an déirc do Ghormfhlaith.

62

Buaidheartha an giolla é an grádh,
    mór do chách dá chuir i gcéill;
cuma dhúinne ar éirigh dháibh,—
    measa leamsa mar táim féin!

5   I n-aoibhneas ⊰dá bhfuil⊱ fán ngréin
    ní fhaghaim⊰se⊱ spéis ná dúil;
nách bhfuil againn acht é féin
    do chuir an grádh i gcéill dúinn.

Ar biseach atá mo léan,
10   tugas é ar an séan gcorr;
ní soirbh dhamh oidhche ná lá;
    is mór do chuaidh an grádh orm.

A bhfaghaim d'fhearthain is d'fhuacht,
    a dtéid díom do shuan 's do phruinn,
15   ón gcruth 'nar chuir sinn an grádh,
    ní chuirfinn go bráth i suim.

Mun bhfuil ag Dia is aici féin
    (aghaidh gach uilc i gcéin uainn!),
ó a thruime tugas an grádh,
20   ní bhfuil de acht bás nó buaidh.

63

Mór mhilleas an mheanma bhaoth,
 gach buaidhreadh tig dá taobh súd;
gach díoghbháil dá ndéantar lé
 níor thuigeas féin gus a-nú.

5 Tug mise le meanmain bhaoith
 ró toile, gidh taom gan chéll,
do mhnaoi nách inneóstar leam,
 madh fada madh gearr mo ré.

Inghean bhéldearg na mbas n-úr,
10 grádh tre chiontaibh dá cúl slim,
do réir mh'aithne níor bh'fhiú a lán;
 dá madh fiú cách, níor bh'fhiú sinn.

Éagóir do radas grádh baoth
 dá gruaidh thibhrigh, dá taobh slim
15 ⊰ag⊱ so anois an bás rem bhéal,—
 beag an sgéal, ní misde linn.

Mo shuan corrach, uch, mo-nuar!
 mo smuaineadh fuar fada ó chéll,
mo chroidhe luath, m'intinn bhocht,—
20 beag an t-iongnadh nách olc lé.

Ní dúsgadh dhamhsa, ní suan,
 ní hiomdha neach len truagh mé;
acht gidh beag an sgéal mo bhás,
 is déanta grás ar son Dé.

25   Uch, ach! gion gur chubhaidh rinn
      bheith dhuitse tinn mar atám,
  ní fáth gotha mar tá mé,—
      ní don duine féin an grádh.

  Ní hé mh'anam iarrfas sionn
30   do choimhéad do chionn ar ngníomh;
  fóireadh mé le a míorbhail fén,
      guidhim Máthair Dé go díon.

  Focal beag dá briathraibh féin,
      bíodh nách bhfuighinn é fá dhó,
35   dom thoil féin dá ndearnadh sí,
      níor bh'iarrtha dhamh ní badh mó.

64

  Uchán! is truagh mh'aisling;
      buan mh'uchán mar mhosglaim;
  lem ghrádh is mór mheasgaim;
      ar bhrón go bráth brostaim.

5   Mo chumha gan chlaochlódh
      ní gubha gan ghéarbhrón;
  fearaim sruthán sírdhéar,
      uchán! is é mh'éanghlór.

  Bheith fá thuirse toghaim,
10   nocha tuirse thadhaill;
  ní charaim a gcluinim;
      ní mharaim gé mharaim.

Truagh mh'aisling 'gum mhealladh;
   nochan aisling annamh;
15 ní fhaic sise ar silleadh,
   's do-chím ise im fharradh.

Bheith linne dá hiomrádh
   binne ná gach orghán;
do-chluineam a deaghghlór,
20   's ní chluineann mo chomhrádh.

An chéillidhe chuanna,
   mo ghéigbhile grádha,
deighthionól nách díogha
   fá Mheiliór mhálla.

25 Truagh mise 'gá mórghul,
   is ise 'gum éimhdheadh;
ní chadlaim ó a caoineadh,
   gion go n-admhaim d'éinfhear.

Mo ghrádh don tseing shúlghlais,
30   grádh gan feidhm ar gcéadchais;
truagh, a Dhé, mo bhuaidhris,
   's gan mé uair 'na héagmhais.

Fuaras fa-ríor! rochrádh,
   do chuaidh dhíom mo dheighshéan;
35 'na bharr bhíos ar mh'anshódh,
   ním-feas clann ná ceinéal.

‹Is› aisling dá-ríribh
   a bhfaicinn ó chianaibh;
d'éis tadhaill an dúnaidh
40   nocha bhfaghaim m'iarraidh.

Meiliór go mórghnaoi
    gé táim uimpe ag géarchaoi,
anáir le gach éinrí
    ise d'fhagháil d'éanmhnaoi.

45   Do badh guais dom anam
        gach ar smuain mo cholann;
mór mh'imnidh re a fhulang,
    eagla an impir oram.

Tugas toil dom neamhghrádh‡,
50   toil tugas tre urán
mo rochrádh go romhór,
    ochán agus uchán!

65

Ní tinn galar acht grádh rúin,
    mo ghalar i gcás do chuaidh;
ní bhéara an doigh-se a-tá trínn
    a toirse dhínn go lá an Luain.

5   Dár dteinnisne is samhail soin,
        galar nách leighisfe luibh;
ní fáth coimse an fáth fá bhfoil
    doigh thoirse do ghnáth dom ghuin.

Doigh sheirce do shearg mo chrú,
10   ⊰tríthi⊱ is gearr ar mbeith-ne beó,
liaigh mo ghoine tearc má tá,
    searc mná ar mo chroidhe 'na ceó.

Bean mhaothbhas is mhalach gcaol,
   a samhail ní saortha dhún;
bídh mar thuinn ar nách dtéd trágh
   an grádh do lég ruinn fá rún.

Ní cumhain comhrádh ná ceól
   ó a roghrádh shuthain‡ dom shníomh,
(mo chobhair ar Cheird na ndúl!)
   rún folaigh dom sheirg go fíor.

Toghaim Muire tar gach mnaoi,
   gion gur‡ cosmhail‡ duine dhí;
go ró neamh gan diomdhaidh Dé
   gi-bé fear len ionmhain í.

66

Deacair tocht ó ghalar gráidh,
   an galar dom chor fá chiaigh;
ní hé an galar gan guin mbróin,
   galar nách fóir luibh ná liaigh.

Galar gráidh is galar damh,
   an galar go bráth 'nar mbun;
im chroidhe do chóidh is-teagh
   cneadh thoile ler dóigh mo dhul.

Ar marthain béaraidh go buan,
   ní lamhthair céattoil do chlódh;
do chuir sinn im luing-se a lán,
   ní grádh cuimse linn is lór.

Tonn seirce 'na tuile trín,
    tuile le mbeirthear ar mbuaidh,
15 tug soin ar snoighe go cnáimh;
    doigh ghráidh im chroidhe do chuaidh.

Ní le faobhar gráidh dom ghoin,
    baoghal mar a-táim óm thoil;
ní féidir dol saor mar sin,
20   's nimh mo ghon don taobh is-toigh.

Gaoi gráidh ag tolladh mo thaoibh,
    créad do b'áil dá chora i gcéill?
ní bhfuil cobhair i ndán dúinn,
    mo ghrádh rúin dár bhfoghail féin.

25 Ag so cuma Dé na ndúl
    ar an té dá dtugas grádh
troigh thana 'gus seangbhonn saor,
    mala chaol dá ndealbham dán.

Fuilt dlúithe, is díon ar gach sín,
30   tug an Dúileamh dí mar ghlóir;
gach fáinne cornchas dá céibh
    ar néimh fholchas áille an óir.

An béal tana is nuaidhe niamh
    †nách gara dá ghuaille a ghlór,
35 's a dá ghruaidh ar ghné na gcaor
    nár fhuaigh acht Saor na sé slógh.

Stuagh mhíolla na mailghe† gcaol
    ní shíolabh a hainm-se uam;
atá sinn dom ghoin dá grádh
40   do thoil nách ál linn do luadh.

Dá leacain leabhra ar lí an aoil
   do dealbhadh dí mar ba cóir;
an bhas bhairrgheal sheada shéimh,
   leaba réidh na bhfailgheadh óir.

45   An ríoghan nách meadh do mhnaoi,
   mo shearc ar n-a líonadh lé;
an Coimdhe ar n-a car i gclí,
   cá ní is doilghe dhamh, a Dhé?

              —*Piaras Feiriteur* (?)

67

Ní hadhbhar seargtha go seirc,
   ní beadhgadh, ní basgadh cuirp,
ní bruid lonn, ní lingeadh nirt,
   ní trom cnicht, ní hinneal uilc.

5   Ní claonadh céille, ní baois,
   ní baoghal péine, ní páis,
ní sódh dreach, ní dearbhadh luais,
   ní guais teadhmghon, ní breath bháis.

Searc ghéirthe na mná rom-mheall,
10   a-tá ag teacht re tréimhse riom;
dursan beadhgadh a beart lonn,
   an tsearc throm ler seargadh sionn.

Measaim, gion gur mharbh an mnaoi
   an tsearc-sain lerab marbh mhé,
15   d'fheartaibh na seirce rom-sní,
   nách leigfe sí leatroigh lé.

Gé thig don toil deifrigh dhéin
    mo chor i ngeimhlibh an ghráidh,
a cheilt do badh deacair dhúinn,
20   do leatoil† mh'úidh fán seirc sáimh.

Mairg duine do-rala im riocht,
    dá bhfuighe a n-amharc an-ocht,
an chiabh cham, an tiomghlún tearc,
    an dearc mhall, an diolrún docht.

25 Atáid bhós ar baois dom chur
    an aois óg, an eagna shean;
rug a n-áille uaim mo thal,
    an bhráighe ghlan, an ghruaidh gheal.

Uch! nách dá malairt a-mháin
30   do radas, sul rug mo threóir,
an tol rom-chréachtghon go caoin
    le bhféadfadh mh'aoidh dol 'na deóidh.

A fios áith, a bronnadh bog,
    smior cnámh mo cholla do ghad;
35 an toil dá troimchéibh rom-tug
    rug soin ar bhfoirmchéill ar fad.

Cáit uam 'nar imthigh mo shearc,
    stuagh thimdhil do chráidh mo chorp?
ar láindianbhruid ní hé an t-iucht,
40   mé ar briucht an báinDiarmaid bocht.

Gé madh riar gabhaim tré a gnaoi
    mo mhian is ní admhaim í,
a searcthoil nár mheadhra mé
    d'fheartaibh Dé is neamhdha in gach ní.

68

Uch, fa-ríor!
ní aithnim uisge seoch fíon,
    ní aithnim oidhche seoch lá;
mairg dan galar an grádh sior.

5   Uch fá naoi,
ní aithnim míleadh seoch mnaoi,
    ní aithnim reultainn seoch ré,
nochan aithnim gréin seoch gaoith.

Beag do-chiú,
10   nocha n-aithnim dias seoch triúr;
    mé do siabhradh do sheirc mná;
ar biseach go brách ní bhiú.

Och, mo-nuar
nách liom cairt ar a cneas fuar!
15   cath oirbheartach Aodha Finn,
do chuir bean diobh sinn dár suan.

Truagh mo chruth;
Sionainn bhraonach na mbárc ndubh,
    is giolla do chur i bhfad—
20   ainm na mná dom-rad fá uch!

69

Corrach do chodlas a-réir,
  codladh do ba docair dhúinn;
ag so an chrithear bhuan nách báidh,
  gual an ghráidh ag ficheadh fúinn.

5 Mo chodladh fá codladh saobh;
  tre chodladh corrach do-chiam
bean bhruit uaine, is sionn ar suan,
  stuagh fhionn do ba nuaidhe niamh.

Trem chadladh do conncas dúinn
10 (níor chomhtha rer ghabhtha gráin)
stuagh mhéirsheang fá meadh do rígh,
  bean 'gá mbím i ngéibheann gráidh.

Ní hionann grádh oile is í,
  mo thoil-se mar tá don mhnaoi,
15 (truagh gan mo ghrádh dhuid, a Dhé!)
  mé 'gom ghuid ar lár an laoi.

Doigh sheirce dom tholladh tríom;
  ar chodladh ní leigthear luadh;
ón ghruaidhghil is tinn a-tám;
20 buaidhridh a grádh sinn dár suan.

Ar gcur mh'aignidh 'na gruaidh ghil,
  suan ar ar n-aire ní fhuil;
toirrcheas na heirce is í soin;
  doigh sheirce trem chlí do chuir.

25 Rug m'aire d'imirt is d'ól
        an ainnir is gile gruadh;
    rug a tromghrádh sinn dár seól;
        ceól mar orghán linn a luadh.

    Searc mná ón dodholta dhúinn,
30   lán robharta ag teacht i dtír;
    mar badh moir i gcomhdháil chuain
        do chuaidh doigh a tromghráith trínn.

    An tol-sain (gá tine is teó?)
        im chridhe 'na cosair chró,
35 'gom shíorghoin as-toigh a-tá;
        toil mná gá míorbhail is mó?

    'Na lán mara do mhoigh tríom
        an toil nách lamhar do luadh;
    cosg na toile is ar gan fál,
40   lán do ghabh san chroidhe cuan.

    Ní aithnim umha tar ór,
        ní aithnim uisge tar fíon;
    mo chroidhe gonta dá grádh,
        lán moire ara docra díon.

45 Nó go bhféachar a folt fann
        agus réalta na rosg gcorr,
    ní faghar glóir acht glóir ghearr;
        dóigh leam gur cadhan an chorr.
                        —*Tadhg Ó Cobhthaigh.*

70

An sgítheach tú, a mhacaoimh mná?
nó an lór libh an líon teastá
    tred chéibh ródghloin bhfíthe bhfinn
    d'ógbhaidh gach críche i gcoitchinn?

5   Dá madh tarbha a n-agra ort,
lot fear ná buaidhreadh bantracht,
    mór do dhíth oirir Eórpa
    †red throighthibh síth ⊰sáir⊱leónta.

Ní fhuil d'áille it aghaidh sheing,
10   ní fhuil d'fhoistine it intinn,
    a ghruaidh úr ghealghairthe ghlan,
    acht súr meadhraighthe meanman.

Tríbh do rad, a rún miochair,
troid do na trí haitheachaibh,
15   bas tlachtbhán fa corcra i gcath,
    daltán ochta na nUlltach.

Nó is tríbh tugadh (trom an choill)
bearradh geóin ar Choin gCulainn
    ris an gcuraidh, re Coin Raoi,
20   isan Mhumhain ghloin ghéagnaoi.

Mac Dáire i ndíol a mhasla
ciorrbhas an Cú éachtach-sa;
    lot an churadh a crígh Bhreagh
    a chumhal is dibh dlighthear.

25   Nó is tríbh tángadar tiogh laoch,
    gasradh Ghréag na ngreagh neambaoth,
        do thimhneadh teaghlaigh na Traoi,
        a fhinngheal gheanmnaidh ghlórnaoi‡.

71

  A bhean éaras imtheacht liom,
  tuig gur ghluais Aoife fhoiltfhionn
      tre chlár sliom mbarrbhuidhe mBreagh
      re Fionn Almhaine ós íseal.

5   A lúb shéaghainn sheachnas mé,
  do ghluais Doireann eacht oile
      gan fhios le síodhaidhe seang
      go lios ríomhoighe Raoileann.

  Truagh nách ionann dí agus duid!—
10   gan fhios do êalaigh Bláthnaid
      feacht ó Mhoigh chréachtghalaigh Chuinn
      le Coin gcéadfadhaigh gCulainn.

  Gráinne ní Chormaic uí Chuinn
  *téid mar sin le flaith nUmhaill;
15   do bhaoi i ngiallbhroid agá ghrádh,
      gur fhaoi le Diarmaid dreachnár.

  Meliór ó só mar sin
  gan fhios uair do na huairibh,
      ‹an› barr dil fionnfholtach fiar,
20   le Sir iongantach Uilliam.

Soichearn dá sléachtadh gach tír
le Cuanna mór mac Ailcín
    do fhaoi amhlaidh ⊣sin⊢ gan fhios
    's do bhaoi anbhsaidh‡ tre uaigneas.

25 Ós íseal ó só mar soin
bean Oilealla mhic Eóghain,
    bas éachtach na dtachar dtrom,
    le Fathadh créachtach Canann.

Muireadhach go múr Dá-thí
30 Earcla ar an gcor-sa ad-chluintí
    tug leis ó Albain gan fhios,
    feis ler ardaigh a aimhleas.

Do nós na n-ógbhan oile,
ós íseal tre ionmhaine,
35   ag súr eóil Innse na nArt,
    gan sibhse im dheóidh ag imtheacht.

72

Mealltar bean le beagán téad;
atá oram 'na oiréad
    (lór méad ar n-anfhorlainn as!)
    daghfhoghlaim téad nár thógbhas.

5 Truagh liom nár leathas mo lámh
ar sheinm robhuig na ruagán;
    d'fhagháil mná uaisle is oighre
    a-tá an uair-se ar n-aghaidh-ne.

Uchán nách seinnim-se soin,
10   díogha an cheóil, caoch† an trodair†,
        *nó cas ar sliabh go slim
        'na ghlas do iadh fám intinn.

Mór n-adhbhar croidhe do chrádh!
tuar seirce seinm na strioncán;
15   tarla dhó ar dtaobh do tholladh
        aon is dó nách dearnamar.

Port míorchúiseach na mac ríogh
do chuaidh dhíom, dia do shoighníomh;
        bean as gach teagh roibheag ruinn,
20   dá mbeadh a oiread againn.

Bean d'fhagháil dá madh áil linn,
mór an díth sin nách seinnim
        ‡(olc le hÁbhartach a rádh)
        port nách tábhachtach tormán.

25   Gé atá annséin atach ban,
port an lámhchrainn do luasgadh,
        ní mholaim monghar an chiúil
        nách bhfoghaim tonnghlan taidhiúir.

Dom anródh nár fhoghlaim mé
30   seinm chailín ó chois tSiúire,
        i dtráth suain le sreing n-umha,
        nách beinn uaidh i n-aontumha.

Sás na mban maith do mhealladh—
cuid dá ríomh do rinneamar—
35   puirt luatha ⊰ar⊱ a gcluinim cion;
        sguirim uacha dá n-áireamh.

Ní dó a-támaoid an tan-sa,
tuireamh na dtéad gcodarsna,
    acht do mhilleadh ar mban mbog
40   do ghabh re silleadh seachad.

73

Truagh do bheatha, a bhean a-réir!
    an ngoilleann ort féin mar taoi?
ní chuala féin thuaidh ná theas
    leath th'ainnise ar fhear ná ar mhnaoi.

5   Ar chréatúir dár chruthaigh Dia
    ní chuala riamh leath bhar n-olc;
don duine is boichte fán ghréin
    ní thiubhrainn féin mo dhéirc thort.

Gach martra dá bhfuilngeann tú,
10   gach crádh croidhe, a chúl na sreath,
dá bhfuilngeadh sibh ar son Dé,
    do rachthá gan péin ar neamh.

Más dod dheóin ataoi mar sein
    ní mór gur bh'fhearr dheit, dár ndóigh,
15   dá mhéad ⊰coir⊱ dá ndearna tú,
    dol ar do dhá ghlún don Róimh.

Is truagh leam nách léigthear doit
    gidh beag féachain soir ná siar;
dom dhóigh, ní léigfidhe leat
20   a rádh go madh geal an fiach.

Gé 'taoi cosmhail mar chuid súl,
    badh gearr mhairfeas tú mar taoi;
ionann do bheatha 'gus bás;
    dar leat, tugais grádh do mhnaoi.

25   Cuid dod dhonas (dia do bhéad)
    nách deacha tú d'éag 'na thráth;
uch, mo thruaighe, ataoi fa-ríor!
    id chairdeas Chríost ag an mbás.

Ní mór an truaighe atá dheit,—
30   móide a dhonas dod dhreich naoi;
do chreidfeadh cách cumhacht Dé,
    muna bhfaicdís féin mar taoi.

Iomdha giolla séaghain suairc
    do bhí san riocht-soin uaid féin;
35   ní bhí an saoghal acht fá seach;
    truagh do bheatha, a bhean a-réir.

74

Mo-chion dár lucht abarthaigh,
    a bhean is cian dom bhuaidhreadh,
binn dúinn fuaim a dtaitearnaigh,
    dá mbeith rath ar a dtuaithleas.

5   Grádh beag milis miochúise
    ní fhuilngid dúinn gan aithfear;
méad ó chách ar míochlúi-ne
    badh chóir nách bhfuighthí i n-aisge.

†'M ar mbeith acht a ndúradar,
    más taobh leis dúinn do shochar,
san mbréig féin, a rúnchogar,
    mo-ghéanar tríd do chrochadh.

Go dtí an guth fón tarngaire,
    a bhean do chráidh mo chuirpín!
beannacht Dé don chantaire
    do-ghéanadh binn don chluigín.

Fuarsam ó chách liamhantas,
    gion gur fíor, a stuagh fholttrom;
anois ní tráth fiamhachais;
    ionann a dheoch 's a bholgam.

Sinn ní chreidid neamhchoirtheach,—
    truagh gan ar ndáil mar saoiltear;
aoibhinn dúinn mar bhreacarsach
    a n-abraid cách dár dtaoibh-ne.

Tríom ó fuarais imdheargadh
    is mé agad i n-éigean,
ná caill, a bhé mhíndealbhach,
    do dhuine 's do chlú i n-éinfheacht.

Lucht bratha dár síorliamhaint,
    ar dtuaithleas leó má fíorthar,
drong chroidhe an chlaoinbhiadáin
    mo-chion-sa dháibh 's ní híonadh.

Ní buan fallán mo cheartlár ó chim do dhreach,
A stua gheal-lâch, ar seachrán ó taoim dod shearc;
A ghrua cheartbhláth is teannáil don ghris 'na gar,
Is trua, a shearcghrá, nách leannán ó lítear bean.

75

Mairg duine bhíos antuigseach,—
    dhamh féin bheanas an focal;
ní le súil a santaigheann,
    uch! ní leamsa an ní ad-chonnarc.

5   Téighim do thaobh m'ainbhfis-se
    d'fhéachain mná na mbas mbairrsheang;
do b'fhearr gabháil thairsise,
    seachnaidh súil ní nách bhfaiceann.

Mise ag déanamh antuigse,
10   drud ria ar fhuráil m'aignidh;
is lia fear dar bh'altaighthe
    a leithéid uaidhe d'fhaicsin.

*Dhise ar feadh m'amhairc-se
    tarla mé, mór an uirrim;
15   nár fhaice súil anduine
    feabhas na háite a bhfuilim.

Ar dhrud re a dreich shéaghanta
    ó nách bhfuil árach agam,
gabhaim cead a féachsana,—
20   buidhe le bocht a bhfaghann.

I ngar dá cruth drithleannach
    fada bhím 's gan bheith uaisti;
dar leat, is mé an t-ifreannach
    do bhí fá bhun na cruaiche.

25   Dá mbeinn-se i n-áit aonaráin
       's an bhean-san, gér thaom dána,
   níor bh'fhearr an liaigh Iopragáid
   ná mé san síneadh lámha.

76

   Luaithe cú ná a cuideachta,—
       tosach luighe dom leannán;
   luaithe ná gach truidealta
       aigneadh géige an dá gheallámh.

5   Luaithe ná gaoth earrchamhail
       ag buain fá bheannaibh cruaidhe,
   aigneadh baoth nách banamhail
       ag inghin an ruisg uaine.

   Dar an Airdrígh marthanach†
10   bheireas na breatha cruaidhe,
   roimpe riamh ní fhacamar
       ag mnaoi aigneadh ba luaithe.

77

   Abair leis ná déanadh éad,
       's gur bréag an sgéal do cuireadh faoi;
   is aige féin atá mo ghrádh,
       is m'fhuath do ghnáth agá mhnaoi.

5   Má marbhann sé mé tré éad,
        rachaidh a bhean d'éag dom dhíth;
éagfaidh féin do chumha na mná,
     is tiucfaidh mar sin bás an trír.

Gach maith ó neamh go lár
10   chum na mná agá bhfuil m'fhuath,
's an fear agá bhfuil mo ghrádh
     go bhfagha sé bás go luath!

A Rí na ngrása d'árthaigh an t-uisge ana bhfíon,
Is chuireas an táirnge i gclár na luinge mar dhíon,
15 Fóir an cás ina dtárla mise agus í;
Bás mo mhná-sa is tásg a fir-se go dtí!

78

Taisigh agad féin do phóg,
     a inghean óg is geal déad;
ar do phóig ní bhfaghaim blas,
     congaibh uaim a-mach do bhéal!

5   Póg is romhillse ná mil
        fuaras ó mhnaoi fhir tré ghrádh;
blas ar phóig eile dá héis
     ní bhfagha mé go dtí an brách.

Go bhfaicear an bhean-soin féin
10   do thoil éinMhic Dé na ngrás,
ní charabh bean tsean ná óg,
     ós í a póg atá mar tá.

79

⊰Ní mhair séan do⊱ ghnáth,
　　do dhearbh a lán é,
amhlaidh sin nách cóir
　　teann as glóir dá méid.

5　　⊰Gnáth gach deasgadh⊱ searbh;
　　tarla a dhearbh liom,
gach flaitheas dá mhéid
　　go dtéid bun-as-cionn.

⊰Mór mo ghua⊱is i-niu,
10　　fada ón riocht i-né;
a shaoghail na lúb
　　is tusa tú féin.

⊰Dá⊱ bhféachthaoi fó seach
　　cách ó bheag go mór,
15　　ní fhuil bocht fón ghréin
　　do dhlighfeadh déirc róm.

Dá ndeachainn dá mheas,
　　beag nách leamh mar tám;
go deó mairfe sinn
20　　im dhuine thinn shlán.

An bhean so rom-chráidh,
　　ní mé a-mháin do mheall;
cóir a iomchar lé,
　　do bhí sé 'nar gceann.

25   A bhfuil teas is tuaidh,
      ní críonna uaim súd,
  mar táid tríthi ag searg,
      nách tearna† dealg dhún.

  Ní fhuil feidhm bheith ria,
30   olc an chiall a cor;
  ionann mharbhas sí
      an rí is an bocht.

  Im riocht féin a-rís
      ní bhiam go dtí an bráth;
35   beag nách leamh mo sgéal;
      ní mhair séan do ghnáth!

80

  Cumann fallsa grádh na bhfear!
      is mairg bean do-ní a réir;
  gidh milis a gcomhrádh ceart,
      is fada is-teach bhíos a méin.

5   Ná creid a gcogar 's a rún,
      ná creid glacadh‡ dlúth‡ a lámh,
  *ná creid a bpóg ar a mbia blas,—
      ó n-a searc ní bhfuilim slán.

  Ná creid, is ní chreidfe mé,
10   fear ar domhan tar éis cháich;
  do chuala mé sgéal ó 'né,
      och, a Dhé! is géar rom-chráidh.

Do bhéardaois airgead is ór,
  do bhéardaois fós agus maoin,
15 do bhéardaois pósadh is ceart
  do mhnaoi, nó go teacht an laoi.

Ní mise amháin do mheall siad,
  is iomdha bean riamh do chealg
grádh an fhir nách bia go buan,—
20   och, is mairg do chuaidh rem cheird†.

81

Cumann do cheangail an corr
agus sionnach Brí Ghobhann;
  do gheall an sionnach don gcorr
  nách brisfeadh choidhche an cumann.

5 Do b'aimhghlic, is é ar fásach,
taobhadh ris mar chompánach;
  d'éis a bheith i bhfad gan bhiadh,
  mairg do bhí ar iocht Uilliam.

An corr 'na codladh mar thuit,
10 do rug sé uirthi ar bhrághaid;
  ní leanabh air,—isé a shuim
  gur sgar a ceann re a colainn.

Dar leat is í do roinne,
soraidh dár mnaoi chumainne;
15   ise an sionnach, mise an corr,—
  cosmhail re chéile ar gcumann.

82

Is mairg thaobhas bean im dhiaidh,
    focal sin 's a chiall 'na gar;
ní gnáth tuile nách dtig tráigh,—
    ionann sin is grádh na mban.

5   Le n-a ngrádh ná tabhair léim,
    bristeach a méin, olc a rún;
grádh na mban chugad is uaid
    tig 'na ruaig, is téid ar gcúl.

An t-aonghrádh is mó fán ngréin
10   's a bheith ag do mhnaoi féin ort,
ná creid acht a bheith 'na bhréig
    's a dhul d'éag mar théid an sop!

Dá sirinn cnuic agus puirt,
    do-gheabhainn a n-uilc ós aird;
15   a Rí bheir soineann san ghréin,
    ‡nách seachnann a méin is mairg.

83

Mairg do-ní cumann le mnáibh!
    ní mar sin a-táid na fir,—
do badh chóir a gcur ar gad
    i n-éagmhais na mban-sa is-tigh.

5   As na mnáibh cidh mór bhar ndóigh,
     fada dhóibh ag dul re gaoith;
  is tearc neach nách meallaid súd;
     mairg léigeas a rún le mnaoi!

  Iarla glic do bhí san Róimh
10   agá mbíodh cuirn óir fá fhíon;
  ar mhnaoi an tighearna mhóir mhaith
     do chuala sgéal ait, más fíor.

  Lá dá rabhadar ar-aon
     taobh re taobh ar leabaidh chlúimh,
15   do leig air go raibh ag éag,
     do chum bréag do bhrath a rúin.

  "Romham dá bhfaghthá-sa bás
     badh beag mo chás ionnam féin;
  ar bhochtaibh Dé leath ar leath
20   do roinnfinn fá seach mo spréidh.

  Do chuirfinn síoda agus sróll
     i gcomhrainn fhairsing d'ór dhearg
  i dtimcheall do chuirp san uaigh,"
     do ráidh an bhean do smuain cealg.

25   Do críochnaigheadh leis an bás,
     do bhrath mná na malach seang;
  gá dtáim acht níor chomhaill sí,
     tar éis a bháis, ní dár gheall.

  Do chuaidh amach ar an sráid,
30   gur cheannaigh, gé'r chráite an lón,
  dá bhannláimh nó trí do shac
     nách ráinig ar fad a thón.

Tar éis ar gheall dá fear féin,
    do rinne bréag ar ndul don chill;
₃₅ ní thug pinginn d'eaglais Dé,
    's níor thairg déirc do dhuine thinn.

Ar ndearbhadh intinne a mhná,
    an t-iarla glic (fa cás cruaidh)
d'fhiarfaigh créad fá raibh a chorp
₄₀   dá chur nocht aca san uaigh.

Do ghabh sise leisgéal gar,
    do nós na mban bhíos re holc,
dá saoradh ar a fear féin,
    †an bhean nár ghaibh géill dá locht.

₄₅ "Do chumas eisléine ghearr
    nách ráinig meall do dhá mhás,
do chuimhling re tús an tsluaigh
    ar Sliabh Síón (cruaidh an cás).

Brailín fá chosaibh gach fir
₅₀ ní bhia a-nois mar do bhí riamh;
ag rochtain go Rí na ndúl
    badh leat tús ó dtéid san tSliabh."

"Tuigim do mhíorún, a bhean;
    ní bhfuil tú ach mar gach mnaoi;
₅₅ dom dheóin ní bhfuighe mé bás
    romhat, a ghrádh na nglac saor."

Gá dtáim ach do bhí an bhean—
    ó sin amach dá fear féin
is éadána do bhí sí;
₆₀   ag sin agaibh brígh mo sgéil.

Ag fagháil bháis dá mbia fear,
    ná cluineadh a bhean é ós aird,
's nárab mó léigfeas a-mach
    uch ná ach, ciodh mór a mhairg.

84

Seachnaidh súil ní nách faiceann,
    ní mhaireann grádh do bhunadh,
's go dtig toil agus neamhthoil
    mar thig fearthain is turadh.

5   Do bhís-se- againn iata
    gur sgaoil i-mbliadhna ar gcumann;
is fearthain i ndiaidh thuraidh
    mar taoi ó 'nuraidh umam.

Ag mnaoi ní bhfuil mo chuimhne,
10   sguirfead dom shuirghe feasta;
cár mhisde bean dom thréigean,
    acht gach éinbhean dom sheachna!

A chroí dár gheallas rem beatha bheith úl réig tláth,
Ar mhaoin ná ar mhathas do b'fhada leat, a úirbhé
    bhláth,
15   Go mb'fhíor dá gcanainn re sealad, sa Mhûin gé
    táim,
Ní ná faicean go seachnan súil é, a ghrá.

85

A bhean atá lán dom fhuath,
 (a Mhic Duach!) ní cumhain leat
oidhche ro bhámair ar-aon
 taobh ar thaobh agus tú, a bhean.

5 Dá madh cumhain leat-sa, a bhean,
 an feadh rug a teas don ghréin,
do bhí mé, lá, agus sibh—
 cá beag sin dá chur a gcéill?

Nó an cumhain leat, a bhas mhaoth,
10 a throigh leabhair, a thaobh sliom,
a bhéal dearg, a ucht mar bhláth,
 gur cuireadh leat lámh fám chionn?

Nó an cumhain leatsa, a chruth suairc,
 gibé huair do ráidhis rinn
15 nár chruthaigh Dia do dhealbh neamh
 fear do b'annsa leat ná sinn?

Cumhain liom go raibhe, lá,
 do ghrádh agam mar tá t'fhuath:
gá dtáim ris, a chneas mar bhláth,—
20 comhfhada théid grádh is fuath.

Dá gcuirear i gcéill do chách
 ní bhia go brách is dá mbeith†
grádh ag mnaoi ar fhear faoi'n ngréin,
 †níor chreite dhó féin go mbeith.

86

Mairg duine bhraitheas é féin!
　　mo bheart is dá héis do-chím;
ní fhionnfa neach fir ná mná
　　mo rún féin go bráth a-rís.

5　A bhean chumainn, a chruth fial,
　　do bhí agam riamh i ngioll,
(mairg léigeas a rún le mnaoi!)
　　fuaire a chách a-taoi fám chionn.

Oram féin do frith an locht,—
10　　ní beag nod dá chur i gcéill;
tig an cumann druim-tar-ais,
　　buailtear duine dá shlait féin.

Ní thiubhrthá orlach ar ór
　　díom, a inghean is óg snuadh;
15　ciodh gearr ó 'niugh gus i-né,
　　do bhuaidhir mé an t-uisge suas.

Méad na toile tugais dúinn
　　mairg dár gealladh, a ghnúis nár,
umam féin ó 'taoi go fuar;
20　　comhfhada théid fuath is grádh.

Do chuala féin fad' ó riamh
　　cumann deise do dhiall ruinn,—
duine i Mumhain na múr ngeal
　　díobh is duine do Leath Chuinn.

25 Do bhádar dá bhliadhain déag
    an dá sgoláir (fá sgéal suairc)
gan deadhail—gá díochra searc
    ar fud Éireann teas is tuaidh?

D'éis a múinte i mbailtibh sgol,
30   dála an chúpla ar nách gclos béim,
do thionnsgain gach duine dhíbh
    dol an tráth-soin dá thír féin.

Do b'iad ráite an fhir a-ndeas,
    's an sruth déar ag teacht re a ghruaidh:
35 "Ní dóigh go bhfaiceam, a ghrádh,
    gnúis a chéile go lá an Luain."

"Dá dtí," ar an sgoláir a-dtuaidh,
    "olc do cheachtar uainn dá bhríogh,
ós ag deadhail dúinn ar ndias,
40   go madh dhuitse bhias a dhíoth!"

D'éis ar gcumainn gus a-nocht
    ní mór, a bhean na bhfolt slim,
nách í freagra an fhir a-dtuaidh
    fuaras uait ag sgaradh rinn.

45 Ní hí h'anshocracht ná t'fhearg,
    ní díth céille, ní ceard bhaoth,
ní cruas, ní droichtheist, ní tnúth,
    do-bheir deadhail dún ar-aon.

Gan tú san chúige i mbíodh Meadhbh,
50   nó i gcrích Laighean na learg réidh,
nó i ndúthaigh Dheadhaidh mhic Shin,—
    tug mo dheadhail ribh rem ré.

Ní fhuarais, gidh meanma shaobh,
    a ghlac shocair gan taom gcruais,
55 cúis mo thréigthe acht mé id ghar
    maith gach cunnradh i bhfad uait!

Gach ar léigeas leat dom rún,
    a ghéag úr an aignidh shéimh,
aithnim díot a cheilt ar chách
60   go bráth bráth, 's a cheilt ort féin!

Im ghar choidhche, is bím gan fear,
    a ghnúis díoghainn na ndearc mall,
an fear leis nách beitheá réidh
    ní léigfinn féin ar chéad marg.

65 A stuaigh mhíolla na mbas ngeal,
    gé léige mo shearc i bhfaill,
fuaire id thoil ní thugas fós;
    mo sgaradh riot gá mó mairg?
        —*Domhnall (mac Dáire) Mac Bruaideadha.*

87

Deacair taobhadh re toil mná,
    éigean damh a rádh fa dheóidh;
maith an rún do rinneas riamh
    nár nocht mise trian mo sgeóil.

5 Ar thoil mná ní huras greim,
    iomdha taobh a leing a rún;
níl dá dhísle dháileas cion
    nách gearr go dtéid siod ar gcúl.

Fuaras toil ó mhnaoi, dar liom,
10   ar nách gcuala sionn ná gráin,—
a samhail níor dáileadh d'fhior,—
      gion go ndearna cion ná páirt.

Tráchtaghadh fada is é fíor
      ar thoil choimhthe síos do-bhéar;
15 ⁻an ní⁺ adéar‡ dá gcluintear uam
      badh mór neach len truagh mo sgéal.

Aimsir aoibhinn seal ó shein,
      do chuala mé a teist 's a cáil
tré fheabhas a modh 's a béas
20   dá thabhairt fá chéad ós áird.

Caras mise mar gach fear
      (ní maith sgéal nách bean re haoibh);
gan dul dá fios créad an fáth
      fá bhfuair sise grádh gach aoin?

25 A hamharc ó fuaras féin,
      's mar do mheasas a méin ghlan,
is mó do mheall díoghrais uaim
      ná teist cháich do chuaidh i bhfad.

Dar liom, acht cidh meallta mé,
30   do b'iomdha cúis is gné dhearbh
fár chóir toil do thabhairt dí,
      ainnir chruthgheal fá mín dealbh.

Ar a huaisle ní fríoth táir,
      do chuaidh sí tar mhnáibh ar mhéin;
35 a haois re n-áireamh níor mhór;
      ní fhacas locht cló 'na sgéimh.

A haigneadh 's a huirgheall caoin,
    a réidhe fá mhaoin do ghnáth,
a mórdhacht (gibé do mheas),
40   ní haithne dhamh go beacht a rádh.

A rún fionnfhuar 's a grádh glan,
    's a tromdhacht do char gach aon,
níor bh'iongnadh go ndáiltí searc
    dháibh araon is dá reacht saor.

45 Umhlacht do dhuine 's do Dhia,
    fírinne bheóil is ciall nár
do chaith sise (cuid dá rath)
    a gnaoi nó gur chaith fó lár.

Labhairt íseal is gníomh ard,
50   re neoch riamh níor gharg a glór;
a toirbheart gibé dhá raibh,
    níor mhaoidh riamh gur mhaith ná mór.

Do deargthaoi í roimh gach aon;
    níor ghuais d'éinneach taom dá tár;
55 a lámh níor lot acht a crodh;
    uras bheith ar thol na mná.

Ar son Dé, gach duine bocht,
    níor dhiúlt sise nocht ná truagh,
ná neach i n-easbhaidh ar bith,
60   *gion go mairfeadh san tigh a luagh.

Olc fá éara, réidh fá rún,—
    gá dtám dhó, ag súd an chiall
fá a bhfuair sise tar gach mnaoi
    mo ghean féin is mo ghnaoi riamh,

65 Ní fhaca éinneach fón ghréin,
     i bhfogas dó ná i gcéin uaidh,
a gnúis mhíolla do chráidh fear
     nách dtiubhradh dhi gean ar n-uair.

Do dhearbhóchainn as a hucht,
70   do réir aithne gach lucht gráidh,
nách raibh éanlocht ar a gnaoi
     acht a beith ina mnaoi a-mháin.

An toil tugsam leath ar leath
     dá chéile, cé do mheath sí,
75 go dtuiteadh an ré is an ghrian
     níor shaoil sinn go mbeadh gan bhrígh.

Acht an bríogh dá bhfuilim dhó,
     an bhean-soin dár mhó mo ghrádh
(tearc maith ina cóir do luadh),
80   mo chrádh! rí raibh buan a páirt.

Gá dtám ris, is é a dhearbh,—
     ní thug máthair dá leanbh grádh,
's ní thug maighre searc do shruth,
     nách dtug mise dá cruth nár.

85 An toil tugas dá cruth grinn
     ní thug lacha do linn riamh,
ní thug eilit dá laogh beag,
     's ní thug éan dá nead a trian.

Gach dúil eile dár chum Dia—
90   ní bhiad ris níos sia dá luadh—
ní thugsad d'aroile searc
     nách dtug mise 's an bhean uan.

Gan choir do ghníomh ná do rún
   acht ar shilleadh súl a-mháin
95   atáim agus ise fós,
     ó do thionsgain tós ar ngráidh.

An chríoch fá bhfuilim dom sgéal
   (ní chuirfe mé bréag im rún),—
an bhean-soin dár mhó mo shearc
100   do chuaidh sí dom ghean ar gcúl.

Créad an t-adhbhar fós ná an choir
   ní tuigthear dhamh thoir ná thiar,
mo chumann fár tréigeadh lé;
    ag sin bríogh mo sgéil 's a chiall.

105 Nách olc fuaras‡ a cruth saor,
    má do thuilleas fraoch nó fuath,
nár iarr oram ceart 'na dáil,
    sul cuireadh lé dom pháirt suas!

Móide mheasaim olc 'na cúis,
110   dá ndéanainn coir re a gnúis shéimh,
gurb aithne do chúl na sreath
    go bhfuigheadh uaim a breath féin.

Ó nách dearnas coir, dar liom,
    *re a cúl fáinneach fionn fiar,
115 nách olc an ceart dá dreich náir
    mar do tréigeadh mo pháirt ria?

An ní dá dtáim tuigthear uaim,—
    an bhean-san do chuaidh óm réir,
an géin mhairfeas rinn mo dhearc,
120   ní chreidfe mé bean dá héis.

A dhuine lerb áil do leas,
    gabh mo theagasg dleacht gan ghó,—
do mhnaoi tré a beith séaghainn suairc
    ná creid choidhche uair do ló.

125 Ná creid tromdhacht gé madh mór,
    ná creid crábhadh, ná taobh greann,
ná creid ciúnas céillidh ceart,
    ná creid comhrádh beacht 'na cheann.

Ná creid fuighle fáthach fíor,
130   ná creid eagla shíor roimh ghráin,
ná creid aigneadh fairsing fial,
    ná creid cumann dian ó mhnáibh.

Ná creid binnghlór banda búidh,
    ná creid uaigneas rúin fá réidh,
135 ná creid díoghrais, muirn ná gean,
    's ná creid im dhiaidh bean ar mhéin.

Móide milse lán do mhil
    ó mhnaoi chumainn, ná creid dhóibh;
searbhas is deireadh dá mblas;
140   ná creid uaithe snas a beóil.

Mo mhallacht ort, gibé thú,
    a fhir thuigeas rún mo rann,
má chreidir go héag do mhnaoi
    's a liacht acasamh daoi ann.

145 Do dhuine chríonna tar mh'éis,
    dá gcuireadh a spéis go hán,
ó nách bhfaghthar saoi gan locht,
    deacair taobhadh re toil mná.

88

Do chuaidh mo shúil tar mo chuid,
    oram féin ní bhfuil mo neart;
ní chreidim,—is cuma leam
    má tá an sgéal is fearr gan teacht.

5   Dá ngealltá mil ar gach mír
    dhamhsa, a bhean ó a mbím i bpéin,
as t'fhocal ní fhuilim teann,—
    each do buaileadh 'na ceann mé.

Asam féin do beanadh leam,
10   nochan as glór dár gheall sibh,
sástar an santach le bréig,
    truagh nár mealladh mé mar sin!

An gealladh-soin agad féin
    beag an tarbha 'na dtéid damh;
15   ní bhéaradh ar chrioth im chrúibh,
    dá mbeith cabhair dúinn i ngar.

Do chuaidh dhíomsa gan bheith bocht,
    ní hadhbhar do chosg mo phian;
t'fhocal-sa 'na ghealladh mná,
20   's mé féin dona mar tám riamh.

An t-anam-sa an uair do mhar,
    truagh nár dhruideas i ngar duit;
duine dona adubhairt riamh
    go madh fearr ciall ná cuid.

25 Nó go gcreide mé na mná,
        ní chreideabh féin go bráth duit;
    más í an mhaith is goire dhúinn,
        do chuaidh mo shúil tar mo chuid!
                    —*Eochaidh Ó Heódhasa.*

89

    Tugas féin mo ghrádh ar fhuath,
        'na dheaghaidh ní buan mo ré;
    mo mhíle mallacht go brách
        don té bhéaras grádh tar mh'éis!

5   Dá rosg mhall, dá folt mar ór,
        dá glór mar fhaoidhe na gcuach,
    dá mala chaoil, dá déad bhán,
        tugas féin mo ghrádh ar fhuath!

    Dá béal dearg, dá brághaid bháin,
10   dá láimh, dá teangaidh nách luath,
    cé nár mhaith a chlos do chách,
        tugas féin mo ghrádh ar fhuath!

    Nion, ruis, dá onn, agus ailm,—
        a hainm ní chuireabh i gcruas,
15 ise ní cheilfeam ar chách,—
        tugas féin mo ghrádh ar fhuath!

    Annamh bean ar nách bia béim,
        an bhean úd do thréig mo luadh;
    dá madh fíor mise dá rádh,
20   tugas féin mo ghrádh ar fhuath!

90

Thugas grádh don fhuath,
 cuirim suas don ghrádh;
ní fiú é bheith ris,
 do bhris sé ar a lán.

5 Córaide fuath dhó
 brón 'na dhiaidh do ghnáth;
do-ní fós, dar linn,
 tinn an duine slán.

An fuath cé gur mór,
10 a chlódh ní badh cás;
féadfar sgaradh ris,—
 ní mar sin don ghrádh.

Rochóir grádh don fhuath,
 buan duine 'na dhiaidh;
15 dá raibh grádh dod ghuin,
 ní fhóir luibh ná liaigh.

Do chonnarc-sa bean
 is fear uirthi i ngioll:
nó go bhfuair sé bás,
20 ní bhfuair grádh dá chionn.

Mise gibé mé
 béaraidh mé go buan;
gidh annamh a rádh,
 thugas grádh don fhuath!

91

Suirghe an cheard do chleachtamar;
    dá mbeith neart ar an éigean,
is doilghe ná gach deacracha
    an ní cleachtar do thréigean.

5   Is maith buadh an bheatha-so,
    ní feas acht don té d'fhionnfadh;
*'na dhiaidh ní mór mo bheatha-sa,
    ar marthain is mó is iongnadh.

*An díomhaoineas rer dhealaigheas
10   is crádh lem chroidhe a chuimhne;
fa-ríor is biadh bheathaigheas
    anois sinn, is ní suirghe!

Suirghe an cheárd do ghnáth do chleachtamaois
    riamh,
Is cumann re mnáibh tar chách do bhrathamaois
    fial;
15   A thuigsin is cáir an grá gur bheathig sinn cian,
Cé minic mhe i gcás 'na dhéaig go mblaiseamaois bia.

92

A fhir éadmhair 'gá mbí bean,
    éirigh fán gcioth fear-mar-chách;
má tá tusa ar tí bheith réidh,
    ná tuig choidhche méin do mhná.

5   Éigean di bheith do na mnáibh,
         gibé páis a ngeóbhaidh tríd;
     tá sí ar aimsir ag an ngrádh,
         ní haici féin a-tá sí.

     Ná creid do radharc do shúl,
10   leath a dtuigfe tú ná tuig,
     ná gabh sgéal dearbhtha acht 'na bhréig,
         éisteacht do chluas féin ná cluin.

     Fulaing do spochadh go mín,
         ná cuir suim i ní fán ngréin;
15   isí sin an chríonnacht deit,
         bheith it óinmhid leimh gan chéill.

     Ith biadh, is codail do sháith,
         's ná fionnadh sí do pháis bhocht;
     beir an dá lathaigh do léim;
20   ar mhéin na mná-soin séid sop.

     A fhir éadmhair ná féadan gan grá dhise,
     Séid sop ar mhéin do mhná limhe;
     Mara ndéanair an méid sin, ar ghrá h'inig
     Éirig tar gach aongheilt i mbárr mire!

93

     A fhir do-ní coiméad ar do mhnaoi,
         cuir i gcrích dhamh créad an fáth;
     nó cionnas choiméadfair do bhean
         dá ndeachair a-mach go bráth?

5 Bheith dá coiméad is tú is-tigh,
   dar liom, ní maith† an chiall;
dá n-iompaightheá lé do chúl,
  do rachadh sí don chúil siar.

Dá mbeitheá-sa is í taobh re taobh,
10   do sméidfeadh sí go claon a dearc;
dá mbeitheá ós coinne a dhá súl,
  do dhéanadh sí mar siúd le fear.

Má théid sí go haifreann uait,
   ná fan an uair sin dá héis;
15 ná bí roimpi ná 'na diaidh;
   uch, a Dhia, cá ngeabhair lé?

94

A fhir do-ní an t-éad,
   binn an sgéal do chor;
ní tuilltear‡ é uait,
   is‡ iongnadh gruaim ort.

5 Bean dhoidhealbhtha dhuairc
   minic nach bhfuair gean;
gidh iongnadh leat é,
   is leat féin do bhean!

A ghiolla na rún,
10   is ait dúinn do chor,
ag coimhéad do mhná,—
   sin an fál gan ghort!

Aon do chéad do chách
    atá slán mar taoi;
15 ní fáth eagla dhuit
    teanga i bpluic fád mhnaoi.

Ná creid neach dá mair
    ort dá brath go héag;
ná fágaibh-se an tír,
20   a fhir do-ní an t-éad!

95

Meabhraigh mo laoidh chumainn-se,
    a bhean an chumainn bhréige:
fuilngim feasta, is fulaing-se,
    bheith i bhféagmhais a chéile.

5 Teacht oram dá gcluine-se
    *i dtighthibh móra ná i mbothaibh,
le cách orm ná cuiridh-se,
    ná cáin mé is ná cosain.

I dteampal ná i mainistir,
10   cé madh reilig nó réadhmhagh,
*dá bhfaice ná dá bhfaicear-sa,
    ná féach orm is ní fhéachfad.

Ná habair, 's ní aibéar-sa,
    *m'ainm ná fáth mo shloinnte;
15 ná hadaimh, 's ní aidéamh-sa,
    go bhfacas tú riamh roimhe.

96

A bhean chridhe chompánta,
 mar taoi, is amhlaidh do shaoileas;
bídh ann, a shuairc shoghrádhach,
 faol oile i gcroiceann caoireach.

5 Má tá nách beinn láindíleas,
 beag mo shuim ar thoil ndéinmhe;
do bhí mise im chláiríneach,
 tuigim bacaighe bhréige!

Bíodh a dheimhin agaibhse
10 arís oram nách brisfe;
ná fliuch dá thaobh t'fhallainge,
 ná caill cách oile is mise.

Misde a fhad gur aithneamar
 h'éadach agad 'gá iompádh;
15 ní misde! ní loisgeabh-sa
 an mhéad mhaireas dom thiompán.

Do bhí mise i gConnachtaibh
 seal fada ag foghlaim chluana;
ná bean dúinn san obair-se,
20 ní fhuil ionnad acht tuata!

Do b'fhada mé neamhthuigseach,
 luach mo mhúinte díom dlighe;
mé feasta ní meallfaidhear;
 beannacht duit, a bhean chridhe.

25   A fhir chroidhe charaim-se,
        do-bheir do thoil 'na tuile,
    saoiltear le gach gadaighe
        nách díleas neach sa chruinne.

    Atá tusa malairteach,
30   *ní dhéanaim bacaighe bhréige;
    atáim umad amhairseach
        ó do bhraitheas do mhéin-se.

    Neach mar thú ní fhacasa;
        cách ort ní chaillfe mise;
35   ní fhuil fliuch dom mhatal-sa
        acht an mhéad do bhean ribhse.

    Mise choidhche ód chaidreamh-sa
        do chaillis, más luach tiompáin;
    ná bíodh ort 'na aithreachas
40   a bhfuil liomsa dod dhioghbháil.

    Dá mbeinn le cluain d'ealadhain,
        más cléireach mé nó tuata,
    *ar neach do fhóirfeadh mh'anacair
        do rachainn do chur cluana.
                     —*Eochaidh Ó Heódhasa.*

97

    A bhean na lurgan luime
    (gé taoi ainteann orainne!),
        gé tám tinn ré mbás, a bhean,
        ní budh cás linn do léigean.

5 Iomdha cúis fá madh cóir damh,
a luirgneach lom, do léagadh:
 tú trá is cumhga croidhe,
 is burba 's is baoghlaighe.

Tú is caoile 's is cuimhge,
10 tú is teó 'nar dtiomchailne,
 tú is fuaire uair eile,
 tú is cruaidhe 's is caintighe.

Gé tá bulla leat id láimh
fá bheith liom pósta ón bpríomhfháidh
15 (móide a ghrás cia do crochadh),
 ní cás le Dia ar ndealachadh.

Do bhulla, a bhréagóg fhallsa,
ní fiadhain é oramsa;
 bulla soin ar nách cóir cion,
20 ní thoir sa Róimh do rinneadh.

A mheirdreach labharthach lonn,
nách cruaidhe h'oiread d'iarann,
 créad rom-beir re mnaoi dod mheas?
 gan geir a-taoi, gan toirrcheas.

25 Siobhlach ort a-nunn 's a-nall,
seirbhe do ghuth ná an gafann;
 cruth nách casmhail do dhuine
 do chruth arsaidh iarnaidhe.

Do bholg tana ar n-a tholladh
30 mairg do-chí ar céadlongadh,
 tuar gorta go bráth, a bhean;
 do lochta ar chách ní cheileabh.

Gé nách beinn libhse ag lighe,
    fóirfidh Mac na Maighdine;
35   go mbeire mé a-nunn ar neamh
        an Té do chum an chéidbhean.
                    —Mac-con Ó Cléirigh.

98

Ní mheallfa tú mhise, a bhean,
    mar do mheallais fear gan chéill;
ar do sgéimh-se cé chuaidh clú,
    aithne dhamhsa cia thú féin.

5   Is gearr go rachair i gcré,
        cé náireach‡ do ghné is do chruth;
    cé fuarais cion chinn na gcliar,
        ní fhuil ionnat acht biadh cnumh.

Do bhéal tana, do rosg mall,
10   do chiabh cham, do mhala chaol,
    cé hálainn leat do dhá ghruaidh,
        rachaid san uaigh i measg daol.

*Ar do thaobh sleamhan trom,
        a bhean nár chrom chum bheith liath,
15 's ar do cholpa séimhgheal cruinn
        níor thugtha dhamh druim re Dia.

Ní thiobhradh acht duine leamh
        druim re neamh ar ghrádh mná,
    cé hiomdha anois inar gcléir
20   sagairt gan chéill do-bheir grádh.

Creid gur bás duitse is críoch,
　　cé geal do chíoch is do chorp;
déan aithrighe anois i dtráth,
　　is ná léig uabhar d'fhás ort.

25　Lean Magdailéana go luath;
　　　ag sin chugad sluagh an bháis;
déan ar Mhuire is ar a Mac,
　　　's tar gach éinní glac an Pháis.

99

Ní bhfuighe mise bás duit,
　　a bhean úd an chuirp mar ghéis;
daoine leamha ar mharbhais riamh,
　　ní hionann iad is mé féin.

5　Créad umá‡ rachainn-se d'éag
　　　don bhéal dearg, don déad mar bhláth?
an crobh míolla, an t-ucht mar aol,
　　　an dáibh do-gheabhainn féin bás?

Do mhéin aobhdha, th'aigneadh saor,
10　　a bhas thana, a thaobh mar chuip,
a rosg gorm, a brágha bhán,—
　　ní bhfuighe mise bás duit.

Do chíocha corra, a chneas úr,
　　do ghruaidh chorcra, do chúl fiar,—
15　go deimhin ní bhfuighead bás
　　　dóibh sin go madh háil le Dia.

Do mhala chaol, t'fholt mar ór,
    do rún geanmnaidh, do ghlór leasg,
do shál chruinn, do cholpa réidh,—
20   *ní mhuirbhfeadh siad acht duine leamh.

A bhean úd an chuirp mar ghéis,
    do hoileadh mé ag duine glic;
aithne dhamh mar bhíd na mná;
    ní bhfuighe mise bás duit!

100

A bhean lán do stuaim,
    cuinnibh uaim do lámh;
ní fear gníomha sinn,
    cé taoi tinn dár ngrádh.

5 Féach ar liath dom fholt,
    féach mo chorp gan lúth,
féach ar thraoch dom fhuil,—
    créad re bhfuil do thnúth?

Ná saoil mé go saobh,
10   *arís ná claon do cheann;
bíodh ar ngrádh gan ghníomh
    go bráth, a shíodh sheang.

Druid do bhéal óm bhéal,—
    *doiligh an sgéal do chor;
15 ná bíom cneas re cneas,
    tig ón dteas an tol.

Do chúl craobhach cas,
    do rosg glas mar dhrúcht,
do chíoch chruinngheal bhláith,
20   thairngeas mian† gach súl.

Gach gníomh acht gníomh cuirp,
    is luighe id chuilt shuain,
do-dhéanainn tred ghrádh,
    a bhean lán do stuaim.

25   A fhinnebhean tséimh shéaghanta shárchaoin tsuairc
Na muirearfholt réig raonfholtach fá a ndíol gcuach,
Is iongna an ghné thaomanach fhásaíos uait;
Cé duilig an sgéal, tréig me agus tág dhíom suas.

Do-bhirim-se fém bhréithir, dá mbáití an slua
30   San tuile do léig Vénus 'na táclaí anuas,
A bhurraiceach bhé mhéarlag na mbánchíoch gcruaig,
Is tusa mar aon chéidbhean do fágfaí im chuan.
                —Séathrún Céitinn.

101

Cia thú féin, a mhacaoimh mná?
    innis damhsa ar ghrádh Dé;
díleas mise, maith mo rún;
    cá tír duit, nó cia thú féin?

5   A Dhé nimhe na naoi ngrádh!
    a mhacaoimh mná na mbas n-úr,
an dtáinig do leithéid riamh?
    cá tír duit féin, nó cia thú?

Iarraim féin d'athchuinghe ort,
10   a ghnúis aobhdha, a fholt mar ór,
ar ghrádh th'einigh tuig thú féin,
      eidir chruth is chéill is ghlór.

Más as deilbh atá do dhóigh,
      nó as uaisle an phóir dá bhfuil sibh,
15 as saidhbhreas, as maith, nó as méin,
      abair féin nách bhfuil tú glic.

Más álainn leat do ghruaidh gheal,
      geal an sneachta, beag a luach;
*atá an buafallán buidhe fós,
20   más buidhe ná an t-ór do ghruag.

Más dearg leat do leaca shaor,
      is lór deirge na gcaor gcon;
más dubh leat do mhala mhín,
      duibhe ná sin lí na lon.

25 Más glas leat féin do shúil mhall,
      gloise ná í barr an fheóir;
bídh guth ceóilbhinn ag an gcuaich,
      más binn leat féin fuaim do bheóil.

Ní bhfuil san ghlór fhaoilidh ait,
30   muna raibh méin mhaith dá chóir,
ní bhfuil san chruth shéaghainn shuairc,
      acht cloidheamh luaidhe i dtruaill óir.

Gach duine cruaidh lán do mhaoin,
      cuma liom do mhnaoi nó d'fhior,—
35 ag sin agaibh mar gach ní
      ainm an tí do sgríobh an nion.

Cuir i gceann do námhad féin
   th'ainm 's do shloinneadh, ci-bé fáth;
ní thuigfe a bhfuil i nÁth Cliath
40   cia thú féin, a mhacaoimh mná.

102

Bréagach sin, a bhean!
   ní beag seal don bhaois;
smachtaigh h'aigneadh óg
   a bhfuil ród dot aois.

5   Ainic thú ar an éag;
   cuimhnigh, a ghéag ghlan,
bláth an domhain daoir
   nách sealbh daoibh ná dhamh.

As bais, ⱦasⱦ méir mhaoith,
10   ná déan baois, a bhean;
gibé is buaine ré
   ní mhairfe sé acht seal.

Ná déan eisdibh uaill,—
   gearr san uaigh go mbiad—
15 na lúba ar lí an óir,
   ná tug dot óidh iad.

Bíoth h'aire ar an uaigh,
   ná sill an ghruaidh gheal,
san tsúil mharbhghlais mhuill
20   ná cuir suim ná seadh.

San troigh rochruinn réidh
        ná fagh-sa féin fonn;
taobh nách taise clúmh
        tuig nách tú do chom.

25 Beid mar bhláth an fhiaigh
        (i gcriaidh ní cóir teann)
    snuadh h'ochta mar aol,
        do bhruinne shaor sheang.

    I dtalmhain (tuar leóin)
30   smuain fa dheóidh do dhul;
    biaidh a ghné mar ghual,
        an béal go snuadh subh.

    Ar ndol duit i gcré,
        mise gidh mé ann,
35 ní thiobhrainn riot taobh,
        a chúl na gcraobh gcam.

    Ret fhaicsin, a fholt fiar,
        do chuaidh mo chiall uaim;
    duit, a bhruinngheal bhán,
40   badh aithreach lá an Luain.

    Tuirseach dhamh 'na ndeóidh,
        briathra do bheóil bhinn;
    do ghlór síthe sáimh,
        ní mé a-mháin do mhill.

45 Ná bí baoth do ghnáth,
        cuimhnigh cách ag éag;
    an folt fleasgach fann,
        ní fhuil ann acht bréag.
                    —Anluan Mac Aodhagáin.

103

Congaibh ort, a mhacaoimh mná,
　　gabh mo theagasg madh áil leat:
*congaibh h'intinn go fóill,
　　cuimhnigh oram, ná pós fear!

5　Gion go ngeabhthá teagasg uaim,
　　a stuaigh mhíolla na ngruaidh ngeal,
(ní haithnidh dhuit mé go fóill),
　　cuimhnigh oram, ná pós fear!

Má tá nách aithnidh dhuit féin
10　　an corp seang nách léir do neach,
nó an chíoch chruinn ceiltear le sról,
　　cuimhnigh oram, ná pós fear!

Ná braitear do ghrádh ná t'fhuath,
　　ná nocht h'intinn go luath leamh,
15　ceil do rún, taisigh do phóg,
　　cuimhnigh oram, ná pós fear!

Cuimhnigh oram, ná pós fear,
　　tiocfa mise, an mar tá,
dot fhéachain gidh deacair tocht;
20　　congaibh ort, a mhacaoimh mná.

104

Th'aire riot, a mhacaoimh mná!
 ná faicthear do lámh ná th'ucht;
ná déan suirghe re n-a lán,—
 beag an fáth fá bhfaghthar guth.

5 Ná faicthear fós do chneas mhín,
 ná an ghruaidh dhonn ar lí na subh,
dá bhféatá a bhfolach ar chách,—
 beag an fáth fá bhfaghthar guth.

*Dod dheóin ná faiceadh neach
10 th'fhabhra leasg nách guirme sruth,
th'fholt mar ór ná an bhrágha bhán,—
 beag an fáth fá bhfaghthar guth.

Ná faiceadh bean chumainn féin
 an troigh réidh ná an mhala dhubh;
15 ná léig ris do dhéad go bráth,—
 beag an fáth fá bhfaghthar guth.

Ná faiceadh an té red thaoibh,
 d'éis bhar dtriubhais daoibh do chur,
leithead buinn dod cholpa bhán,—
20 beag an fáth fá bhfaghthar guth.

Ná féach air acht fear-mar-chách,
 ná léig fós a lámh it ucht,
ná déan gáire le fear mná,—
 beag an fáth fá bhfaghthar guth.

25 Ná taithigh aonach ná sráid,
       ná déan dáil re fear gan sult,
   ar éinneach ná déana tár,—
       beag an fáth fá bhfaghthar guth.

   Fá dhuille craobh soir ná siar
30   ná héirigh fón tsliabh go much;
   ná déan cuinne, seachain ált,—
       beag an fáth fá bhfaghthar guth!

105

   Sguir dod shuirghe, lean dod leas,
   ná bí éasgaidh ar h'aimhleas;
       smuain, a bhean, an bráth id chionn
       gach tráth, neamh, uaigh is ifreann.

5 Ní buan antoil na hóige,
   ná hoir don chorp chréafóige;
       tuig go dtéid gach ní fó neimh
       gan bhréig sa chlí ór chéidghein.

   Ná car na daoine deasa
10 charas tú d'fhonn t'aimhleasa;
       ceil do chaidreabh caoin orra,
       ná sgaoil t'aigneadh eatarra.

   Dá n-éistir a reacfaid ribh,
   ataoi i mbaoghal uair éigin
15   go mbréagfa an séad suirghe sibh,
       an bhréag, nó fuighle féinnidh.

Léigid orra, d'fhonn t'fheise,
éag d'aonghrádh do dheilbhe-se;
 a ghrádh, ná creid go gcaraid,
20 bleid a lán dá luathchanaid.

Má tá leat do leas i ndán,
seachain suirghe na n-ógán,
 a bhean na gciabh bhfraistiogh bhfionn,
 nách biadh h'aistear go hifreann.

25 Fearr mar lón lá na Cuinne
Dia ná aoinfhear againne;
 ag so an Fear is dile dhuibh,
 a bhean mo chridhe, is caraidh.

Ní bhia póg mar luach leasa
30 uait ann, ná uain aighneasa
 dhuit ón Fhior nách cam cridhe;
 a-niogh am na haithrighe!

Ní beag dhamh a ndubhart ribh;
cuirim thú ar dhion an Dúilimh;
35 guidhe Ríogh an Luain do leas,
  dod dhíon gach uair ar h'aimhleas.
 —Muiris (mac Dháiví Dhuibh) Mac Gearailt.

106

A ógáin,
do-ní suirghe re hógmhnáibh,
 mall do-ní réir an Choimdhe,
-<is>- duit bhus doilghe, a ógáin.

5   A ghille,
       do-ní uaill as do ghile,
           saoile féin nách fuil claochlódh
       id bhaothghlór bhaoth gan bhrighe.

       Ní cheileabh
10   do cháil féin ort fá dheireadh:
           ciodh mór th'uaill agus t'anlán,
       is tú an marbhán meirtneach.

       Mór h'uabhar
       as do chorp nách glan cnuasach;
15   a ndéin d'antoil do chalann
       biaidh ar h'anam 'na ualach

       A thruaighe,
       ní thuige (cá ní is cruaidhe!)
           an té iné do bhi id chomann
20   iniu i gcomhthrom na huaighe.

       Lá éigin,
       iar n-éag ag íoc bhar bpéine,
           tusa is bean an déid daithghil
       sínfidh bhar n-aire ó chéile.

25   Searbh libhse
       mo theagasg ar mhaith ribhse;
           ní misde leam don chur-sa;
       gearr mhairfeas tusa is ise.

       Cúis chaointe
30   dhamhsa nách mé féin chaoinim,
           is gur mó mh'uilc ar séana
       ná uilc chéata do dhaoinibh.

A Rí chalma,
ní fiú mé trém olc th'agra,
gidh eadh, is fiú dod ghrásaibh
mo dhíon ar námhaid mh'anma.
—*Muiris (mac Dháivi Dhuibh) Mac Gearailt (?).*

CLÁR NA GCÉAD-LÍNTE

CLÁR NA N-ÚDAR

D'uimhreacha na ndánta atá na figiúirí ag tagairt.